BtoB攻略の営業力強化書

すぐに使えるフォーム解説付

究極の市場攻略バイブル!

廣橋潔則 著

セルバ出版

はじめに

時代の変化に対応して、営業も変わらなければならない。なぜなら、「変化に対応できない生物は生きられない。同様に、変化できない組織も生き残れない」とダーウインの言葉をもじって語られて来ました。

そして、リーマンショックや昨今の地政学的変化、さらには連発する地球規模の自然災害や新型コロナ感染拡大など、未知の領域の出現でお客様もますます難しい対応が求められて来ています。世界と繋がっている企業や、1人の人間としての生き方も問われていますが、営業にかかわっている私たちにも、この変化への本質的な対応が問われているのではないでしょうか。

「営業って何?」と問われて、明解な答えを持っていますか。私たちは、何かを売っているけど、何のために売っているのだろう? お金かな? 地位かな? そして何を獲得しようとしているのでしょうか?

そもそも、なぜ働くのでしょうか? 生活のため? 自己実現を目指して?

ソリューション営業と言っているけど、お客様のお困り事の把握はできていますか?

お客様のことを本当に知っていますか?

その課題を解決するスキルやツールを持っていて活用していますか?

自分の目標値をいかに達成するかが最優先になっていませんか?

与えられた目標の背景や狙いを理解せず、数字とだけ戦っていませんか？

とにかく売れればいいと思っていませんか？

まずは、今の自分の思いと立ち位置を確認してみることが大事です。「数字に追われてしんどい、辛い、きつい」という現状から、「数字を達成するのは大変だけど、やりがいもあり、いろいろな人にも会えるし、楽しい」という状況に変わり、自己成長スパイラルの渦の中に身を置けたら最高だと思いませんか。

今までも、お客様第一を掲げ、「モノからコトへ」をスローガンに、それぞれのお客様のベストパートナーを目指して奮闘されてきたことと思います。その皆様方に、ＢtoＢ市場におけるお客様課題の発掘から解決、そして、ベストパートナーへの道を歩むノウハウを開示します。

目指す営業の姿は、「売ってなんぼ」ではなく、お客様のお困り事を「解決してなんぼ」ではないかと思います。この位置に立つためには、何をどのように変えていけばよいのでしょうか。どうすれば、「感謝！　感激！　感動！」の世界をつくることができるのでしょうか。

思いを同じくする皆様方に、究極の営業力の「強化書」をお届けいたします。

実際の事例や現場で使える各種フォームを公開していますので、エキスを吸収し、実践していただければ、お客様との関係性が飛躍的に向上し、より緊密化が進むことと確信しています。

２０２０年４月

廣橋　潔則

ＢtoＢ攻略の営業力強化書　すぐに使えるフォーム解説付　究極の市場攻略バイブル！　目次

第3章　エリア戦略をつくろう

第4章　お客様を本当に知っているか

第5章　お客様感動の世界をつくろう

第8章　常に話材を持とう

第1章

あなたの営業は、売ってなんぼ、解決してなんぼのどっち

1　営業って何

営業とは

入社後の研修時に、「営業をやりたかった人は？」と聞くと、「本当はやりたくなかった」「企画やマーケティングがやりたい」と7割近くの人が答えます。

営業志望と言うと、入社しやすいことを考慮しても、どうして営業職は嫌がられるのでしょうか。ノルマがきつく数字に追われる？　しかも達成するのが難しい？　外回りでしんどそう？　休日なども休めなそう？　だからでしょうか？

ですから、営業につきまとうイメージは、苦しい、辛い、売れないと叱られる、自分の時間どころか休みも満足に取れないなど、ネガティブな言葉が並ぶのです。

では、「営業とは」と聞かれて、あなたは何と答えますか？

「営業は、お客様に夢を売るのです！」と元気にポジティブに答える方もいるかと思いますが、なかなか的確に即答できない方も多いのではないかと思います。

営業とは何か考えてみましょう。

営業を英語で言うと、セールス（Sales）であり、販売することと訳されているので、セールスマン（またはセールスレディ）と呼ばれ、イコール「売る人」となっています。

しかし、このように直訳的に解釈すると、営業とは「物を売る」こととなり、ノルマや目標値に追われシンドイと、再び負の思考に入っていくことになってしまいます。

また、最悪の場合は、売ればいいんだということになり、どのような売り方でも売れればいい、とにかく与えられたノルマを達成すればよいという、あと先考えない、今さえよければいいという刹那的な事態となってしまいます。

さらに、物そのものでの差別化が難しくなり、販売方法やルートも多岐化し、情報も瞬時に入手できるので、ユーザーの知識量も半端でなく豊富で、保有知識レベルは営業担当者を上回るのも日常となってきています。

加えて、RPA(Robotic Process Automation) や AI（Artificial Intelligence）の発展で、再び営業不要論が語られたりと、劇的な変化が予想されます。

そのような中で、必要とされ、生き残ることができる営業となるには、営業とは何なのかの問いに明解に答えられることが必要だと思います。

私は、営業とは、「売ってなんぼ」ではなく、「解決してなんぼ」だという言葉に本質があるのではないかと思っています。

目に見える、顕在化しているお客様のお困り事や要求に対してだけでなく、潜在的な問題を発掘して、把握して、課題解決に向けて合意し、その解決策をお互いの知恵や知識を出し合って、あらゆる手段を駆使して、必要なモノやコトを揃えたり、準備したりして、解決していくコンサルティングができる営業が求められていると思います。

そして、最終的にカスタマーベネフィット（Customer Benefit= 顧客の利益）を満たしてあげられれば、お客様満足度を超えたお客様感動の世界が開けることと思います。

モノを物として売ろうとし、差別化のできないスペック（仕様や性能等）で営業をしていくと、必然的に競合との戦いに入り込むのは明らかです。

その結果、一番避けたい「高いか、安いか」の価格のみの戦いに入ることになってしまいます。

マーケティングの定義の変遷で見る営業とは

他方、マーケティングの定義の変遷を見てみると、「営業とは何」のヒントがあると思います。

１９８０年代前半までは、出来上がった製品を顧客に売り込む購買支援活動と位置づけられていて、「財とサービスの流れ、生産者から最終ユーザーに方向づける全ビジネス活動である」とAMA（American Marketing Association）が規定してました。

１８８０年代後半には、「個人と組織の目標を満足させる交換を創造するために、アイデア、財、サービスの概念形成、価格、プロモーション、流通を計画・実行するプロセス」と変わってきました。

そして、１９９０年定義として、「マーケティングとは、企業および他の組織がグローバルな視野に立ち、顧客との相互理解を得ながら、公正な競争を通じて行う市場創造のための総合活動である」となり、２００４年定義で「マーケティングとは、組織とステークホルダー（関与者）両者にとって有益となるよう、顧客に向けて『価値』を創造・伝達・提供したり、顧客との関係性を構築したりするための組織的な働きとその一連の過程である」と変化してきました。

２００７年の改訂では、社会全体が加わり、「顧客、依頼人、パートナー、社会全体にとって価値のあるオファリングス（提供物）を創造・伝達・配達・交換するための活動であり、一連の制度、そしてプロセスである」とシンプルになって来ました（２０１３年に再度承認されています）。

このマーケティングの変遷からも、営業とは、物を売ることではなく、そのモノを通して何が解決できるのかが問われることは明白だと考えます。

ですから、これからの営業に求められることは、売ってなんぼではなく、解決してなんぼの基軸をしっかりと堅持しつつ、お客様の増力化や顧客価値創造ができるかどうかが求められると思います。

そこにわれわれ営業が存在する意義があるのです。

営業にかかわる方々が、自分自身の営業とはの問いに明確に答えを持って、日々の営業に取り組むことが大事だと考えます。

2　お客様課題を把握するためには

５Ｃ分析と３Ｃ分析

売ってなんぼの営業から、解決してなんぼの営業へ変わるには、お客様のお困り事や課題をいかに発掘し把握するのかにかかっていると思います。

そこで、お客様のお困り事や課題を把握する視点とその手法を開示します。

それは、5C分析という手法です。

5C分析の説明の前に、基本となる3C分析について簡潔に説明します。

3C分析とは、お客様（Customer）、競合（Competitor）、自社（Company）の頭文字を取って3C分析といいます。マーケティングを考えるときに、お客様や競合の市場環境や置かれている状況を分析し、自社の戦略上の課題を考える手法です。

お客様（Customer）分析では、お客様の事業内容や提供している商品やサービス、それらを取り巻く市場環境、および業界全体の状況把握を含めて、お客様の戦略や今後の動向等を把握し、分析します。

競合（Competitor）分析では、競合各社の商品やサービスの販売戦略やシェア、マーケティングの分析、等々を通して、どのような戦略でわが社の顧客を奪おうとしているのか、また新たな競合が参入してくる可能性は、代替品はあるのか、今後想定される新たな競合（品）は、等を把握し、商品・価格・マーケティング等に反映させ、施策を策定していきます。

自社（Company）分析では、販売や商品戦略のレビューをはじめ、提供しようとしている物が、お客様のニーズに合致しているのか、シェアを含め業界内での位置は、ヒト・モノ・カネ・情報のリソースの配分は適切か、強みは何か、等々を分析して、自社の戦略を立てるのです。

この３Ｃ分析は、マーケティングの基礎で必ず出てくる基本的スキルです。しかし、この３Ｃ分析で、果してお客様の課題把握ができるでしょうか。

３Ｃの視点では、物売りの視点から脱却できないのではないかと言われています。それは、視点の位置が、あくまでも自社であり、自社の商品や物から競合を見る、またはお客様を見る視点となっているからです。それは、商品や物をどのように売り込むのか、いかにはめ込むのかという視点ですから、お客様のお困り事や課題を把握するのは困難となってしまいます。

「わが社は○○のソリューションを提供するソリューションカンパニーです」とか、「システムインテグレーターを目指しています」とかよくわからない横文字を並べただけの「物売り」に陥ってしまうのです。

５Ｃ分析

このジレンマから脱出するには、お客様のお客様（Customers' Customer）と、お客様の競合（Customers' Competitor）の視点をプラスし、お客様のお客様と、お客様の競合からお客様を見る視点を身につけることです。

つまり、従来の３Ｃ分析に、お客様のお客様（Customers' Customer）とお客様の競合（Customers' Competitor）という2Ｃの視点をプラスして、５Ｃの視点でお客様を見るのです。

お客様のお客様とお客様の競合の視点で、お客様を見るという位置に視点を上げることが、顧客課題を把握するために不可欠なのです。

では、どのようにしてその視点に到達することができるのか、事例を紹介します（図表1参照）。

【図表1　3C＋2C＝5Cの視点分析】

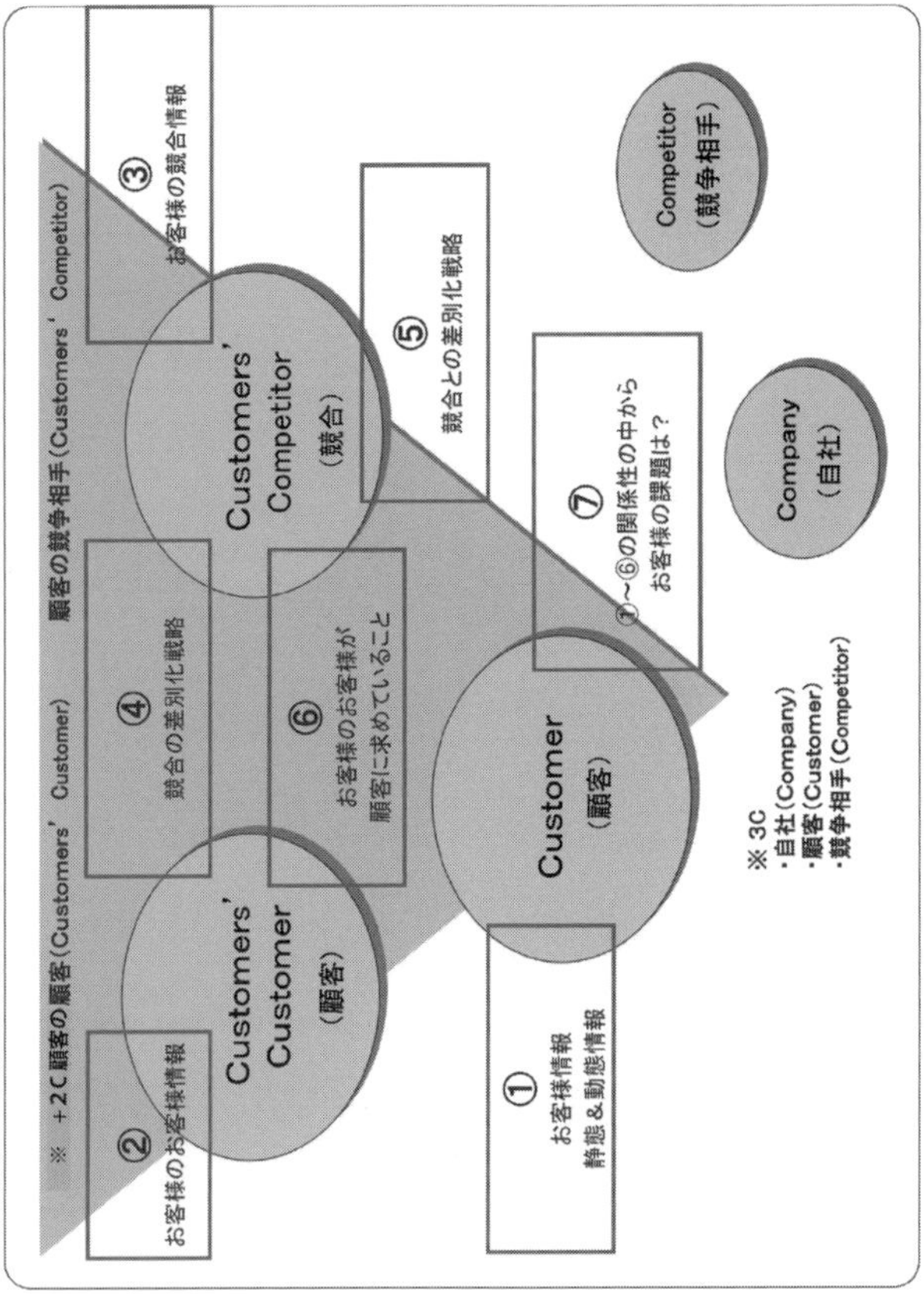

© 2020　Human Asset Consulting Inc

５Ｃ分析の順番

①　お客様分析

お客様の状況を詳細にサーベイ（Survey＝調査）し、把握しましょう。静態情報はモチロンのこと、動態情報を掴むことがポイントです。

静態情報とは、業種・資本金・系列・取引先銀行等々の毎期あまり変化がない情報のことです。

動態情報とは、様々な戦略（事業戦略・製品開発・生産戦略・営業戦略等々）で変更や変化がよく起きる情報です。

この種の情報は秘匿性が高い情報が多く、簡単に収集や入手できない内容も多く含まれています。

したがって、きわめて難しい項目もありますが、動態情報を把握することが重要となりますから、日頃から様々な切り口で、あらゆる機会を通して、お客様を見る、知る、触れる習慣をつけておくことが大事です。

すべての第1歩は、お客様を知ることにあります。

②　お客様のお客様分析

お客様の最大の関心事は、自社のお客様を守って増やしていくことにあると思います。お客様は、お客様の要求や期待に応えられないと、お客様はよそへ、競合へ、行ってしまいます。自社のお客様を守って増やすには、お客様の要望・要求・期待に応えることが必須なのです。

そのために、お客様のお客様は誰、どこにどのぐらい存在しているの、主要なお客様の属性は、そのお客様の顔が見えるぐらい細かく把握し、分析することがポイントです。

その顔が泣いているのか、笑っているのか、怒っているのか、さっぱり見えてなく、お客様へモノやサービスを提案しても、お客様の心はこちらに向きません。

さらに、お客様の関心が、モノやサービスそのものにあるのではなく、そのモノや商品がもたらす最終的なベネフィット（Benefit= 顧客が受ける便益や利益）にあることを押さえていないと、再び「物」売りの視点に戻ってしまいますから、この視点はとても重要なのです。

③　お客様の競合分析

お客様の競合はどこですか、どのような戦略で事業を展開していますか、事業分野別に見るとどこに力を入れていますか、これからは何に力を入れようとしていますか、お客様の競合もサバイバル戦に勝つために様々な手段を考えていますから、現状の分析だけでなく、将来動向まで含めて、しっかりと把握し、対応していくことが勝敗を分けていくと思います。そのために、主要な競合会社の内容を詳細に把握しておくことが大事です。

さらに、競合の将来動向が予測できる主要な事業分野の中期計画などの情報が入手できたら、かなりのヒントを掴むことができます。上場企業でしたら、有価証券報告書が開示されていますし、中期経営計画もWeb上で情報が取れますから、必ず目を通すようにしてください。

単に価格が高いとか安いとか、大きいとか小さいとか、早いとか遅いとか、スペックが勝っているとか負けているとかではなく、競合の戦略を把握する姿勢でサーベイすることです。

④　お客様の競合の差別化戦略を分析

お客様の競合は、当然のごとくお客様のお客様を奪取しようと狙っています。競合は、どのような戦略でお客様のお客様を取ろうとしているのか、そのために取っている差別化戦略を把握することが大事です。しかも、主要な競合に関しては、より詳細にわたりサーベイすることが求められます。

⑤　お客様の対競合戦略の分析

④の競合が展開しているお客様への差別化戦略に対して、お客様が取っている差別化戦略やこれから取らねばならない差別化戦略を把握することです。

⑥　お客様のお客様からのニーズ（要望・要求・期待）を把握

①～⑤までのサーベイした内容を精査しつつ、お客様のお客様は何を欲しているのか、お客様へ期待していることは何なのか、要望はどのようなことなのだろうかを引き出すのです。

ここでの注意は、常日頃から「知っている」ことを安易に書き出さないことです。それはわかっているよ、価格だろ、サービスの向上だろうなどと、自己の経験から独断して決めつけないことです。あくまでも、①～⑤までの様々な視点でサーベイしてきた事実の上で仮説を立てて、お客様のお客様のニーズを引き出すようにしてください。

⑦　お客様の課題を導き出す

①～⑥をじっくり振り返る中で、お客様の取り組むべき戦略はどのようなことなのだろうか、サバイバル戦に勝つための戦略は何なのだろうか、仮説を立てて顧客課題を引き出すのです。この間、

サーベイしてきたことを何度も振り返りつつ、この時点でお客様の課題はこれではないかと仮説を立てて推論するのです。

立てた仮説をお客様に提示し、合意し、解決に向けてワークショップ等をスタートさせることができれば最高です。

お互いが認識している課題は、即刻解決に向けて取組みを開始すればいいのですが、お互いが経験していなくて未知の領域が多い課題などには、お客様と合意が取れる項目から、共に知恵を出して創意工夫する「チーム」をつくり、具体的にコラボしながら解決へのワークショップがスタートできたら理想です。

ここまでくれば、物売りからの脱却ができていますし、モノからコトへと思考の質が変化している証左にもなります。

分析の注意点

全体のプロセスを通しての注意点は、サーベイや分析を進めていくうちに、従来の３Ｃの視点に戻らないようにすることです。議論を進めていくうちに、自社の物をどのように売るのか、最適な手段と方法はないかと、いつもの自社製品をいかに売るかという目先のマーケティングに陥ることが多々ありますので十分注意をして進めてください。

お客様のお客様と競合の分析のときには、まずは大枠を把握して、徐々に細かく細分化していき、主要な顧客や事業をさらに深掘りしていくことで、新しいことの発見に繋がることが多いです。全体を俯瞰し、現場の目で事実を細かく細分化して、ニーズや動向を探っていくことです。

プロジェクトマネジメントの段階的詳細化の手法を使いましょう。そして、お客様の課題は、この時点では仮説ですから、従来の発想やフレームを壊して、柔軟に考えることが大切です。

マーケティングで大切と言われている鳥の目（全体を俯瞰する）、虫の目（現場や事実を見ること）を忘れないでください。

もう１つ大切な目があります。それは魚の目です。これは、スピードを表しています。魚のように常にスピードを持って対処することが大事です。

どんなに内容がよくても、サーベイが確実にできていても、仮説が当たったとしても、遅くてはいけません。競合に負けてしまいますし、お客様の要望に応えるタイミングも逃してしまうことになります。

この３つの目は、ぜひとも心に留めておいてください。

３　お客様課題を解決する手法は

課題解決に最適なロジックツリー図の活用

５Ｃ分析でお客様の課題を発掘・把握し、仮説で提示し、合意に至ったら、課題解決をしていかねばなりません。そのときに使う手法は、ロジカルシンキングや問題解決で使うロジックツリー図が最適だと思います。

ロジックツリー図には、今回のような課題解決ツリー図、原因追究型のツリー図、そして要素分解ツリー図がありますが、ここでは課題解決型ツリー図のつくり方を説明します。

例えば、「経費を削減する」という課題があるとします。この課題を解決するためには何をすればいいのでしょうか。

固定費を下げると経費を削減することができます。また、変動費を下げれば同じように経費削減ができます。経費を削減するという目的を解決するために、固定費を下げるという手段を選んだとします。

次に、固定費を削減するという目的を達成するためには、人件費を下げるという手段を選ぶとします。この目的と手段をツリー図で描くのです。問題や課題解決のときによく使われています。

最初の課題の経費削減を1層と呼び、次の2層が固定費を下げる（変動費を下げる）となります（図表2参照）。

作成後に、必ずチェックをすることが大事です。

それぞれが重複することなく、全体集合としてはモレがない、MECE（ミッシー）の考え方です。Mutually Exclusive Collectively Exhaustive の頭文字を取って略称で使われていて、漏れなく、ヌケなく、ダブりなくとの意味です（マンキンゼー・アンド・カンパニーが開発した概念です）。

さらに、作成したツリー図の全体を見て、大中小の順番になっているか、各階層の内容が同列か、

【図表２　経費削減のロジックツリー】

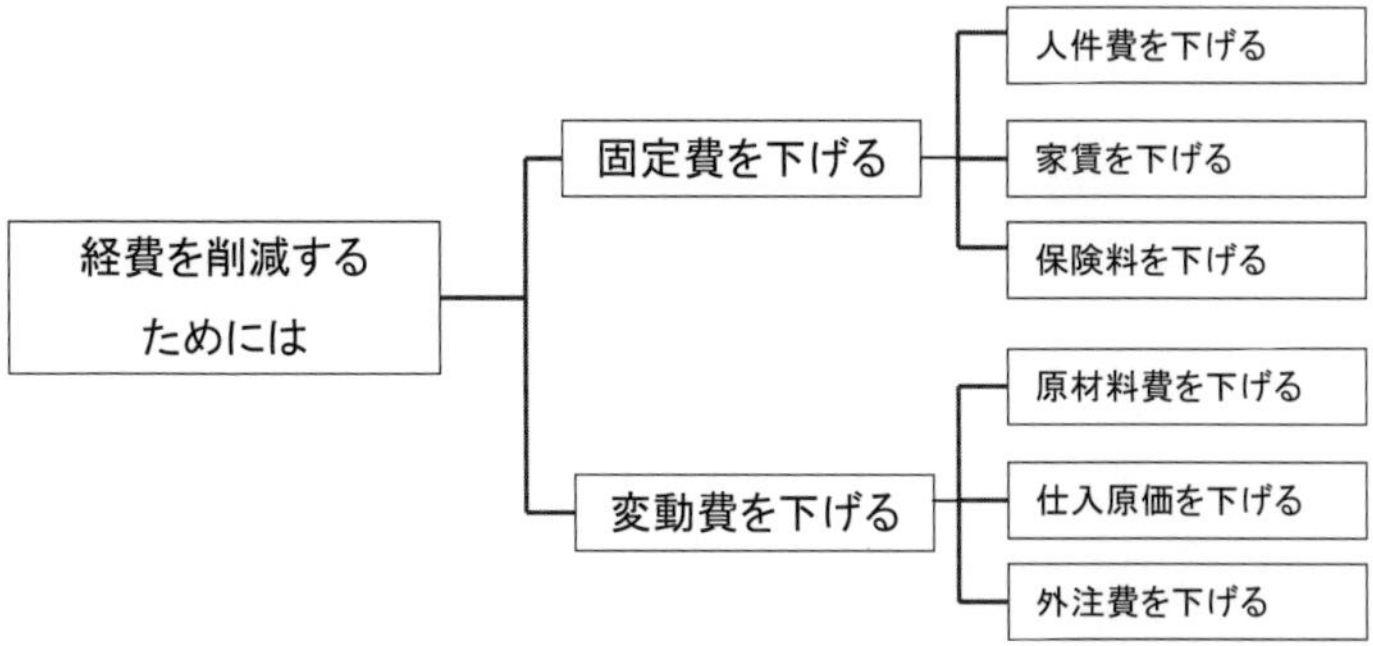

© 2020　Human Asset Consulting Inc

目的と手段の形になっているか、タテの項目を見てMECEの視点でチェックしてください。

4層まで広げると、具体的な対策が20前後、出て来ますので、ぜひとも4層までつくる練習をしてください。

ロジックツリーを見てみると、木が横になっているように見えますね。それがネーミングの由来です。

論理のピラミッドでは、木（ツリー）の形どおり、タテに分解していきます。

なぜロジックツリー図が使われるのか

なぜ、問題解決や課題解決のときなどにロジックツリー図が使われるのか、それはロジックツリー図には次のような特徴と利点があるからです。

① 取り組むべき課題が明確になる。
② 課題のレベルが把握できる。
③ 課題を構成する全体が俯瞰できる。
④ 共に取り組む課題の合意ができる。

⑤　導入理由が明確になる。
⑥　投資のプライオリティが明確になる。
そして、何よりも、
⑦　客観的に見ることができるからです。
さらに、
⑧　商談が拡大・連鎖・継続し、
⑨　競合との差別化ができる。
という優れものです。

実際の事例を参照してください（図表3参照）。

A4用紙1枚の中に、多くの課題解決の具体的な施策まで表現することができるのです。

注意点は、4層まで広げると、やらなければいけない施策が山のように出て来ます。しかし、すべてに対して、具体的な計画を立てて実行することは、不可能でしょう。

まずは、どのパスから手をつけるのか、プライオリティづけをしてください。あれもこれもやることは、現実にはできません。プレゼンや発表のときの見栄えはよくても、実行し、成果に繋げていかねば意味がありません。優先順位をつけて取り組むことです。

お客様との合意が取れれば、本年度はこれ、次年度はこれというように取り組む順番が明確になり、お客様との商談が継続し、そして連鎖するのです。そうすると、毎月の締め日に追われる「営

【図表３　ドキュメントの体系を把握するロジックツリー図の例】

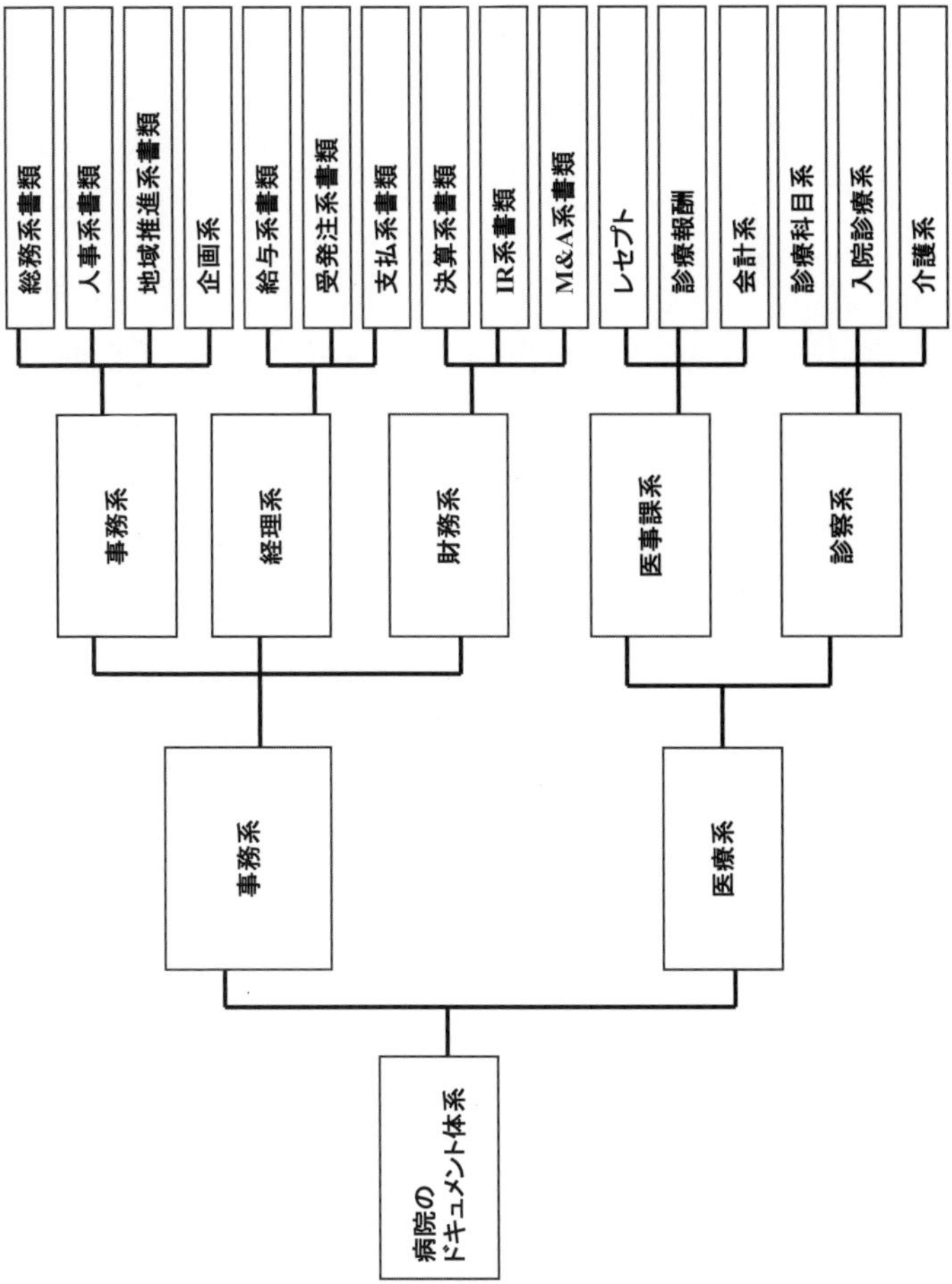

業」からの脱却もできるのです。

このロジックツリー図は、ビジネスの世界だけでなく、様々な場面での問題の整理や課題解決のときにも活用できます。ビジネスだけでなく、人生も問題解決の連続であるという言葉がありますが、そのようなときにもまずはロジックツリー図を作成してみてください。

驚くほどの効果が実感できます。

なお、ロジックツリー図を作成するときのポイントは、目的から解決手段へと分解していくときの第2層の切口にあります。ここが的確でないと次の第3層への分解がスムーズにいかなくなってしまいます。そこで、定番の切口を覚えておくとスムーズに分解することができます。

4　お客様から必要とされる営業を目指そう

何が必要なのか

売ってなんぼの営業から解決してなんぼの営業を目指すためには、何が必要なのでしょうか？マーケティングの基礎的な知識や戦略の立て方などのスキルはもちろん、コミュニケーション能力の向上やマネジメント力の強化は、本書を含めて様々な機会を活用して吸収してください。

同時に大切なことは、あなた自身の「軸」をつくることです。

あなたはお客様とどのような関係をつくりたいと思っていますか？

あなたが行っている営業のスタイルは、次の10段階のどこに該当しますか？

1　御用聞き営業（きょうは何かありませんか？　と聞いて回る）
2　説明係（モノの機能や性能や使用方法の説明に終始している営業）
3　お得意様係（懇意にしてくれるお客様優先で言いなりの営業）
4　コスト提案（コスト削減提案重視営業）
5　業務課題解決（既にわかっている業務について提案をする営業）
6　潜在的課題解決提案（お客様が認識していない課題の解決提案をする営業）
7　相談される（取扱い以外のことについても相談される営業）
8　アドバイザー（いろいろなアドバイスができる営業）
9　コンサルタント（様々な課題についてお客様と共に解決していける営業）
10　パートナー（なくてはならない必要な人と言われる）

ここでは、10段階に分けていますが、自分自身の現在の位置を確認してみてください。

目指す目標を決める

そして、これから目指す位置を決めるのです。

例えば、今現在は、４のコスト提案の段階だけど、１年後には、５の既に分かっている業務改善の提案ができるように成長したいと自分で目標を決めるのです。

その目標に至るには、何が不足しているのか、どのようなスキルや知識が必要なのかと、現状とのギャップを把握してください。その把握した項目に対して1年でどのように強化していくのかの計画を立てて着実に実行していくことが大事です。

もう1つのヒントは、お客様のニーズや期待にどのように応えているのかです。

A　お客様から言われてから動く受け身の営業レベル。（1～3に該当）

B　コスト提案第一で対応しているレベル。（4に該当）

C　業務課題解決提案はできているレベル。（5に該当）

D　様々な問題や課題を発掘して提案しているレベル。（5または6に該当）

E　潜在的な問題や課題解決を相談されるレベル。（6～7に該当）

F　様々なお困り事に対応してアドバイスができるレベル。（8に該当）

G　課題解決ができるレベル。（9に該当）

H　いなくては困ると言われる真のパートナーのレベル。（10に該当）

AからHを縦軸として、1から10を横軸に取り、その交差した点をプロッドしてください。先の例ですと、4のコスト提案とBのレベルの交差する点をプロッドします。

次に、5の既にわかっている業務改善提案ができるとCのレベルが交差する点をプロッドし、マトリックスを作成してください。そうすると、今の自分の位置とこれから目指す位置が可視化できます。

お客様から見て、「いつでも替わりがきく」営業では、存在価値があまりにも薄くて、悲しくなりませんか？　また、見積り合わせのときだけ呼ばれると言うのも涙が出ますね。

「まあまあ普通だね」ではダメなのです。なぜなら、競合が現れたら即刻持っていかれてしまいます。

「まあまあ普通だね」から、「なかなかいいんじゃない。よくやってくれているよ」へ。さらに「まいったな、そこまでやってくれるの」と感動の言葉をいただき、「最高だよ！　これからもずーっと頼むよ」と言われる「さすが」の位置に上り詰めたいと思いませんか？

そのためには、今どこにいて、これからどこに向かうのかの目標を自分で決めるのです。そして、確実に実現していくためには、自分自身の「物語」として作成することです。

① まず初めに目指す位置を決めます。
② 次に今の位置を確認します。
③ そのギャップを明確にします。
④ ギャップを埋めるための施策を考えます。
⑤ 具体的な実行計画を立てます。
⑥ セルフコントロールしつつ実施しましょう。

このポイントに基づき、ストーリーをつくり、思いを描き、形にしていくことが大事です。思わないと叶いません。意思がないと実現できません。

目標のない人は計画がありません。計画がない人は行動が起きません。行動しない人は実績がなく、反省もありません。だから進歩もしないのです。

きっとできると信じて熱意を失わず、「物語」の実現に向けてチカラを注いでください。

その「物語」をほかの人に語りましょう。宣言をしましょう。そうすれば逃げ道がなくなります。

自分自身に厳しく接しましょう。接する人も代えましょう。周囲の環境も変えて行きましょう。思考の質も変えて、自己を取り巻く環境を変えて行くと、自分を取り巻く関係性の質が変わってきます。そこには新しい気づきや発見が待っています。

自分で考えたことですから、自分から動き出します。そうすると、今までと違うことが起きてきます。違った成果が出てくるのです。

営業の世界は、結果が数字で出てきます。何としても数字を出さねばと数字だけを追いかけると、なかなかいい結果に結びつかないことも経験されて来たことと思います。いい結果を求めるためには、関係性を変化させ、思考の質を変え、行動して行く循環に自らを入れ込むことです。そうすると、必ず成果が変わって来ます。

いくら売りたいのか？　ではなく、お客様から必要される営業を目指しましょう。

※マサチューセッツ工科大学、ダニエル・キム教授提唱の「組織の成功循環モデル」も学んでください。

第2章　営業戦略をつくろう

1　戦略とは

目指すべきビジョン

お客様のお困り事を把握し、解決していく視点の重要性を学びましたが、そもそも何を実現するために私たちは営業活動をするのでしょうか。そして、営業活動を通してそれが実現できたら、私たちは何を得ることができるのでしょうか。私たちは、なぜそんなに頑張るのでしょうか。

「なぜ働くのですか」との問いに、約53％の人が「お金のため」、約20％の人が「生きがいを見つけるため」(内閣府２０１６年調査)との調査結果が出ていますが、皆さんは何のために働くのでしょうか。年収が増えても幸福度はあまり変わらないとの調査結果を併せて考えてみますと、「お金のためだけでない」との声もたくさん聞こえてくる気がします。

一方、私たちは、組織に所属しています。組織には、目指すビジョンがあります。ビジョンの前に、そもそもなぜ事業を始めたのか、創業の思いや理念があります。その実現に向けて、全社ビジョンがあり、それに紐ついて各事業ビジョンがあるというのが、一般的な組織の戦略の構図です。

このような構図の中で、価値ある目標を設定し、展開し、共に実現していく中で、個と組織の目的目標の共有ができれば理想と思いませんか。

ビジョンとは、「数年後の目指すべき姿」ですから、それを実現するために具体的に何をどのぐらいやればいいのかが、目標値としてわれわれに「降りてくる」のです。この構図を確りと理解し、営業戦略を策定していかないと、降りて来た数字だけとの戦いに陥り、再び売るための物売り戦略となってしまいます。

また、メンバーのやる気の向上や持続のためには、その目標が達成できたら私たちにどのようなベネフィットがあるのか、さらにビジョンが達成されたら私たちの世界はどのように変化しているのかなどを共有できるような仕組みがないと、モチベーションは上がらないと思います。

戦略とは

戦略とは、「大げさだなー」とか、「経験しているし、すべてわかっているから必要ない」という声もよく聞きますが、B to B攻略はKKD(勘と経験と度胸)だけでは通用しません。しっかりと営業戦略を立てて臨みましょう。

提供しようとしているモノやサービスの価値はあるのか、世の中から必要されているのか、その需要や市場はどのぐらいあるのか、お客様はどこにどのぐらい存在しているのか、その領域における競合状況はどのようになっているのか等の基本的な事項をしっかりと押さえて戦略を立てることが必須です。

戦略とは、「ビジョン達成の道しるべ」であり、その達成に向けて「どのような道筋を取るのか」であるといわれています。戦略立案のときには、組織目標の背景にある全社ビジョンや事業ビジョンの理解と納得が極めて重要です。

まず、「何のために」(What)という目的の共有を確認することです。そして、目標値を確認し、納得し、営業戦略をつくりましょう。

中小企業では、創業から大切にしてきていることや創業者の思い、または家訓、教訓、掟、信条、さらには中期経営計画、本年度計画や各本部方針やスローガンと目白押しの情景が見られます。社員や現場が混乱しないように整理して、見やすくわかりやすく理解しやすい状態にしてあげてください。

簡単なことを難しく言って悦に浸っているような経営やマネジメントは無意味です。

コンセプトを考える

そのためには、コンセプトを考えるとよいと思います。

コンセプト(Concept)とは、全体を貫く基本的な概念という意味です。例えば、わかりやすい例として、BMWのX3シリーズのコンセプトは、「駆け抜ける歓び」です。BMWが颯爽と走るイメージがはっきりと浮かびますよね。

今は、その「旗」を降ろしていますが、かっての富士ゼロックスは「The Document Company」でした。単なる機器売りの「コピー屋」から脱却し、ドキュメントのライフプロセスのすべてにかかわる「モノ・コト」を提供していくという、目指す方向性が非常に簡潔に表現され、同時に目指すべき営業の姿をも表現されていると思います。

つまり、簡潔に、事業や提供する価値を一言で言い表すもので、統一的かつ基本的な考え方や視点がコンセプトなのです。

コンセプトの事例でよく出てくるのが、ソニーの「Digital Dream Kids」です。そもそもソニーの会社設立趣意書には、「真面目ナル技術者ノ技能ヲ最高度ニ発揮セシムベキ自由闊達ニシテ愉快ナル理想工場ノ建設」とありましたが、１９９６年に当時の出井社長が「デジタル機器に目をキラキラさせる子供たちのようになれ」という意味を込めて策定しています。

旭山動物園の「行動展示」もわかりやすい事例ですし、TOTO のオシュレットの開発コンセプトの「お尻も洗って欲しい」は、あまりにも有名で伝説となっています（図表４参照）。

ここでの注意点は、スローガンと混同しないようにしましょう。スローガンも企業の理念やビジョンを端的な言葉で表現しますが、極めて印象的扇動的イメージ的なキャッチコピーフレーズになることが多いように思います。

ここでは、組織を貫く揺るぎない「基軸」としてコンセプトを位置づけていますので、対外的印象やカッコよく聞こえるからと、ヨコ文字を多用して、自分もよく理解していないし、相手も理解できてないということが多く見られます。このような事態は、極力避けましょう。

コンセプトの元になるビジョンの重要性も認識していただけたことと思います。

取り巻く環境が厳しくなると、「慌てたり、動揺したり」、ちょっと苦しくなると、「止めちゃお

【図表４　ＣＯＮＣＥＰＴの例】

車	駆け抜ける歓び	BMWシリーズX3
複写機	The Document Company	富士ゼロックス
動物園	行動展示	旭川　旭山動物園
衛生陶器	お尻だって洗って欲しい	TOTOウオシレット
アイドル	何時でも会いに行ける国民的少女スター	AKB48
遊園地	夢と魔法の王国	東京ディズニーランド
経営戦略	Kirei Lifestyle	花王のESG戦略
経営戦略	POWERING GOOD	日立の社会イノベーション
ビール	まるでお店の生ビールに	サントリー神泡サーバー
筆記具	高級感がある多機能ペン	三菱鉛筆ジェットストリーム

うかな」と弱音を吐くことがないように、「ゆるぎない基軸」として堅持し続けないといけません。

ビジョンやコンセプトのチェックポイント

ビジョンやコンセプトをチェックするポイントは、次の点です。

・思いがあるか
・熱意は感じられるか
・高い目標となっているか
・お客様と市場の理解は十分か
・何を提供するのか明確になっているか
・ワクワクするか
・他の人の共感を得られるか
・理念と連動しているか
・簡潔に表現されているか
・夢があるか

満点は無理でも、それいいね！　と部下や仲間が同意して、納得して、賛同してくれるかどうかが分かれ目です。理想のビジョンは、応援者が出てくることであると言われています。

そして、「それ私にもやらせてよ」と賛同者が沢山出てくれれば、もう成功したと同然です。

応援者が全国にいて、「コンセプトに共感したから、あなたから買うよ」と言われてみたいですね。

2 営業戦略策定のプロセス

営業戦略策定の手順

営業戦略を策定していくプロセスについて、詳細に説明します（図表5参照）。

① 現状分析

過去3年に遡って、営業データを集め、分析しましょう。

売上はもちろん、総利益、営業利益の実績とトレンドを把握します。さらに、商品別、地区別、販売チャネル別、季節別、月度別に全体を捉えてください。そして、担当者別、顧客別分析と詳細化していきます。

一方、その事業が所属する業界やお客様の主要ドメインの業界動向も把握すべきです。

② 課題化

分析の結果、ボトルネックを特定します。どこに問題があるのか、なぜそうなっているのか、それはどのぐらいあるのだろうか、その問題の本質は何なのだろうと考えて抽出してください。

目標と現状との間には、必ず差があります。これを解決しないと、目標を達成することができません。この差（ギャップ）をどのように埋めていくのかの道筋が戦略ですから、課題化を確りすることが大切です。

【図表５　営業戦略策定のプロセス】

	項目	作業項目
1　現状分析	・現状分析 ・分析データー収集 ・全体分析＆詳細分析	・過去のデーター分析（売上、総利益、営業利益、ユーザー別、商品別、地区別、担当別、販売チャネル別、季節別） ・市場や顧客の環境分析、業界動向、顧客の静態＆動態情報
2　課題抽出	・問題把握 ・分析 ・課題化	・問題抽出（現場ヒヤリング、顧客関連先ヒヤリング） ・特定化（問題の整理と解析、問題解決手法でボトルネック特定 ・課題解決ロジックツリー図、
3　目標設定	・目指すべき姿を描く	・目指す姿の明確化（ビジョン策定、定性＆定量目標設定） ・共有と納得、
4　営業戦略立案	・戦略策定	・目指す姿達成に向けての道筋を策定する（SWOT分析） ・戦略目的設定、戦略マップで可視化、重要業績指標設定、
5　計画策定	・中期＆当期計画策定 ・組織化	・3か年＆単年度計画立案、スケジュール化 ・ヒトモノカネの確保と配置
6　展開	・方針展開書策定 ・行動計画書立案	・方針展開書、行動計画書策定 ・活動状況把握の仕組み構築
6　レビュー評価	・レビュー ・改善修正活動	・修正活動、改善活動 ・振返り、評価

注意点は、営業現場やお客様の「生の声」を聴くことを忘れないことです。「数字は嘘をつかない！」とは名言ですが、現場の事実やプロセスも見ないで、「これが課題だ」と決め込む方がいますが、とても危険なこととなります。

次に、何から実行すれば最適効果が得られるのか、プライオリティづけをしてください。そして、ロジックツリー図を使い、４層まで広げて具体的な施策まで考えてください。

③ 目標設定

目標設定のときに「がんばれ！」とか、「昨年よりもっとたくさんやって」とか、情緒的表現に陥らないように気をつけましょう。活動後に測定できるような目標（値）にしていないとレビューができません。レビューができないと納得のいかない状態で終わり、次の期に向かうことになりますので、双方にとって不幸な状態となります。

④ 営業戦略立案

何を解決したら目指すことが実現できるか、戦略目的を設定し、ロジックツリー図で分解します。

⑤ 実施計画の作成

誰が、何を、どのように、いつから、いつまでに、どのぐらいやるのかと、常に5W1Hで作成します。ここで押さえて欲しい点は、１つは、リスク対応です。予測できるリスクは、漏れなくリストアップし、対策を立てておくことです。

２つ目は、目標を達成し、成功させるために必要なことKFS(Key Factor for Success)を明確にして、上位マネジメントや経営に要求することは、きっちりと臆することなく要求してください。これも重要な成功の Key です。

⑥　**レビューの実施**

何をやろうとして、何ができて、何ができなかったのか、ではどうするのかのポイントを外さないようにしてください。結果が絶好調の方には、もっとよくなるためにはと、さらなる改善に繋がるように導いてあげてください。

3　プロセス：現状分析

現状分析について詳細に説明します。まず手始めに取りかかるのが、

①　**過去のデーターの分析**

売上、総利益、営業利益、という全体の把握分析だけでなく、担当別、顧客別、または地域別、販売チャネルごと、季節ごとのように細かく細分化して、様々な角度から、見て、聴いて、分析することが大事です。

②　**静態情報の分析**

お客様や市場情報の分析です。先に説明した項目以外に、従業員規模、出先数、取扱製品、業界内の位置関係（マーケットリーダーなのか、フォロワーなのかのポジショニング）、仕入先や取引先、

社長はじめ役員の情報など現状を確実に把握することが大事です。

③　動態情報の分析

お客様の戦略や中期計画の把握、投資戦略やM&A戦略、商品開発、業界動向の予測、お客様の将来ニーズの把握、人事戦略、採用戦略等々の常に「動いている」情報（動態情報）です。お客様のお困り事を発掘するには、この領域の分析が極めて大切になってきます。

なぜなら、お客様の「生残り」をかけた戦略で、そこに投資をするわけですから、大きな商談チャンスとなります。静態情報は、インターネットやHP等々で、かなりの情報が入手できますが、動態情報は、把握が難しく、情報入手は簡単ではありません。

しかし、上場企業ですと、有価証券報告書や株主向けのIR情報にかなりの情報が掲載されていますから、ある程度は把握できますし、ヒントや糸口は掴めます。

中小企業となると情報開示がされておらず、困難を極めると思います。

そのときにこそ、お客様課題を把握する5Cの視点を駆使し、取り組んでください。お客様のお客様と競合の視点で見ていくことが、糸口に繋がります。

④　環境認識

まずは外部環境認識のフレームです。

代表的な分析手法であるPEST＋E分析の作成について説明します。

PEST＋Eとは、POLITICAL（政治）、ECONOMIC（経済）、SOCIAL（社会）、TECHNOLOGICAL（技

術）、プラス（＋）ENVIRONMENT（環境）の頭文字を取って略されています。

POLITICAL（政治）では、事業にかかわる法律や改正等によるお客様への影響を把握します。国レベルだけでなく、経済政策や規制の緩和や税制の改革がお客様の生業にどのような影響があるのかという視点で把握します。

また、業界の景気動向や金融情勢からの影響や、産業政策（補助金等の施策の把握も忘れずに）や設備投資動向などの影響を見てください。

SOCIAL（社会）の項目では、人口動向による影響はもちろんのこと、最近の風潮・流行・価値観の把握など社会全体へ目を向けることが大事です。さらに、「少子高齢化」とか、「人生１００年時代が来た」と一言で片づけないで、それが事業にお客様にどのような影響を与えるのかという視点で深掘りして考えることが大事です。

TECHNOLOGICAL（技術）では、関連する技術革新やＩＴの進化（IOTやAI&RPA等々）、５Ｇ到来による劇的な変化（情報機器・システムや仕様環境の変化）による生活環境への劇的な変化が各場面に及ぼす影響等々を考えてください。

ENVIRONMENT（環境）は、環境政策や環境問題への取組み、SDGsやISO関連の規制や動向が事業や経営にどのような影響を与えるのか、またそれにかかわる技術の進化や地域住民の意識や動向も忘れずに把握しておくことです。

それぞれの項目を、自分の事業にとってよい機会でありチャンスなのか（機会）、または脅威なのかで区分して記入してください（図表6参照）。

チームで作成すると、様々な視点で多くの項目が出て来ます。

外部環境認識の次のフォームは、外部環境・お客様／競合将来動向予測シートです（図表7参照）。

お客様や競合の現在のニーズ把握はもちろんですが、さらに将来の予測を入れてニーズを予測するのがポイントです。日頃から、お客様や競合の情報を持っていないと予測すらできませんから、日々の情報収集がとても大切となります。

内部環境の分析

内部環境の分析方法は、自社の強み、弱み分析です。

お客様分析のときには、お客様の強み、弱み分析を実施します。各項目の説明は次のとおりです（図表8参照）。

■経営の視点（経営力）

・理念VISONが設定されているか、それが社員含めて共有されているか
・経営戦略や方針が明確に打ち出されていて、理解浸透しているか
・マネジメントの仕組みが構築されているか
・イメージやブランドが確立されているか
・経営のリーダーシップは発揮されているか

【図表６　外部環境認識：ＰＥＳＴ+Ｅ分析シート、
図表７　外部環境・お客様／競合将来動向予測シート、
図表８　内部環境認識分析シート】

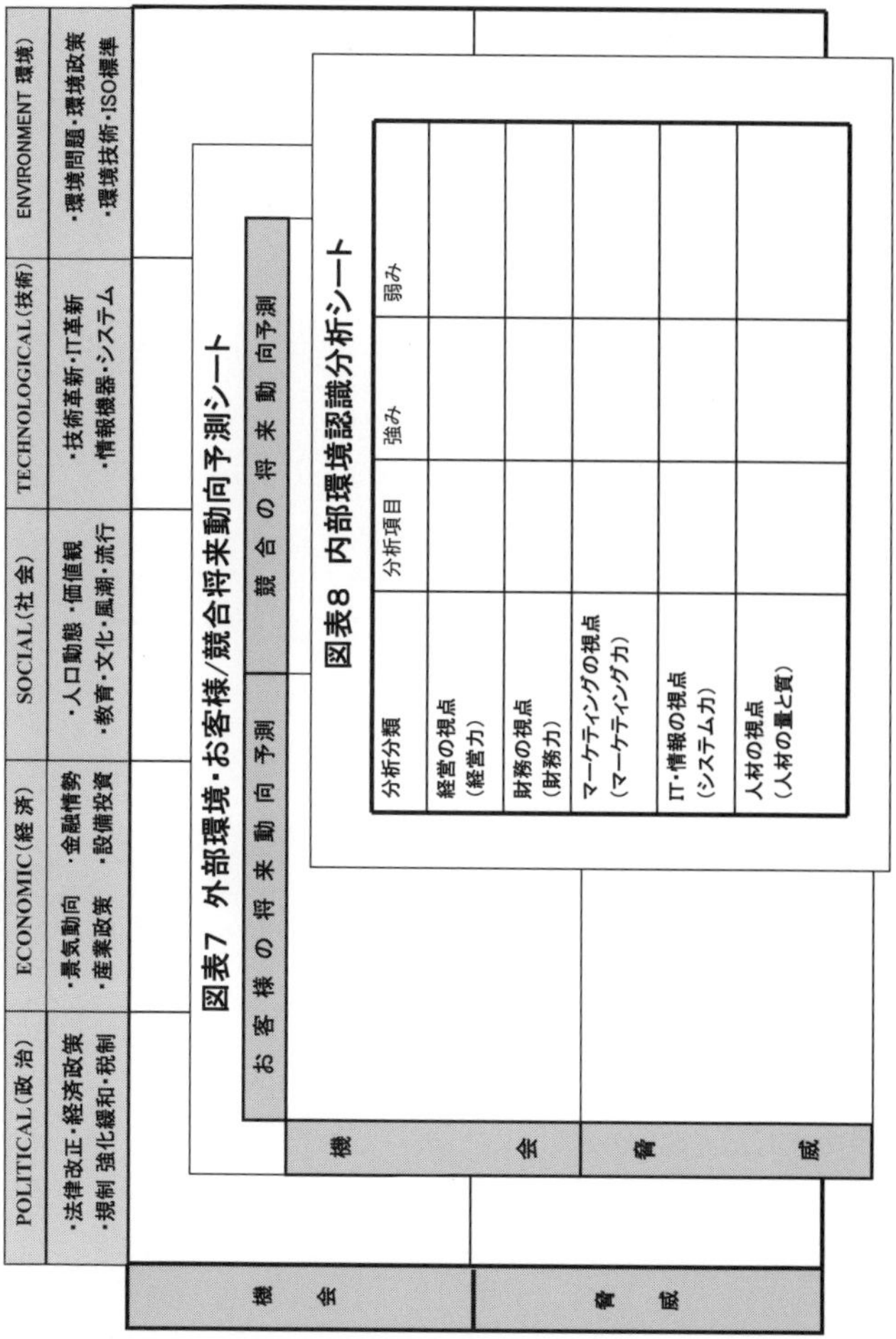

■**財務の視点（財務力）**

・予算計画が立てられており、予算管理の仕組みもある
・売上や利益の達成状況は
・借入金や債務の状況は
・事業の成長性や投資の計画は

■**マーケティングの視点（マーケティング力）**

・市場の分析や主要なお客様が明確になっているか
・商品力開発力や新しい価値の提供ができる内部プロセスがあるか
・ブランドイメージや戦略はあるのか
・新規開拓や既存顧客状況の把握と分析ができているか
・価格力競争力はあるのか
・販売チャネルやＩＴの活用等最適物流になっているのか

■**ＩＴ・情報の視点（システム力）**

・情報システムの状況はどのようになっているのか
・情報分析活用度はどのぐらい
・収集情報のデーターベースと共有＆活用の状況は
・SFA 等営業情報の管理と活用の状況は

■人材の視点（人材の量と質）
・エンパワーメントされているのか
・モチベーションは高いか、低いか
・企業風土文化は
・賃金は
・年齢構成は
・保有能力資格保有者の状況は
・評価制度は公平明確でやりがいはあるか
・教育研修制度は充実しているか

この内部環境分析は、それが強いのか、弱いのかと分けて分析することです。項目は標準的な項目ですから、それぞれの特性に合わせて、項目を考えてください。

ＳＷＯＴ分析シートに転記

これらの分析してきた項目をＳＷＯＴ分析シートに転記します。SWOT（SはStrong、WはWeakness、OはOpportunity、Tは、Threat、の頭文字を取ってSWOTと略しています）分析は、まずマトリックスの上の外側に、機会（O）と脅威（T）の項目を、左側に強み（S）と弱み（W）の項目をそれぞれ転記します。項目は、各5個程度が適切です（図表9参照）。

【図表９　ＳＷＯＴ分析シート（佐渡精密株式会社の例）】

<記入の手順>
今まで作成してきた図表6・7・8の機会と脅威の重要項目をABCDEに書き出す。同様に強み弱みの重要事項を12345に書き出す。

機会と強みの項目を掛け合わせて戦略目的を策定する。

4つのゾーンすべてを策定する。

	機　　会(O)	脅　　威(T)
	A医療機器分野で売上が伸びている B航空機産業の将来の成長性が高い C D E	F G H I J
強　　み(S) 1、医療機器分野で将来性のある顧客との取引実績がある 2、5軸加工機、CAMの設備が充実 3 4 5	・医療機器分野の売上拡大を目指す ・航空機加工分野へ積極的に参入する （佐渡精密様の事例に加筆してます） 機会と強みを掛け合わせると積極的に何をすべきか、戦略目的を書き出すゾーン	脅威と強みを掛け合わせると、どのような差別化戦略をすべきか書き出すゾーン
弱　　み(W) 1 2 3 4 5	機会と弱みを掛け合わせて、段階的に何をすべきかと考えて戦略目的を書き出すゾーン	脅威と弱みを掛け合わせると何をすべきか書き出すゾーン

なお、図表9の事例で取り上げた佐渡精密株式会社の会社概要です。

佐渡精密株式会社

１９７０年の創業以来、朱鷺の住む自然豊かな佐渡島で切削加工を中心に、金属精密部品の製造を行っています。

ＮＣ旋盤加工、マシニング加工を中心とした金属精密部品加工専門の工場として、ＪＩＳＱ９１００（航空宇宙・防衛産業品質マネジメントシステム）、ＩＳＯ９００１、エコアクション21認証取得済みです。

佐渡島という立地上のハンディとも思われる環境の中にありながら、「安心いただける品質」「競争力のある価格」「離島を感じさせない納期」という価値を提供し続け、全国６００社を超える企業（全国対応：メーカー・研究所・大学）と取引をしています。月当たり１５０～２００社、１８００～２２００点の取引実績があります。

「私たちがつくった部品は医療機器、光学機器、航空機、ＯＡ機器、ＡＴＭ、新エネルギー、光通信、半導体など多岐にわたる分野で活躍しています」と末武社長は語ってくれました。

佐渡精密は、市場の新たなニーズにお応えするため、常に「生産性」、「技術力」、「品質保証能力」の強化を課題として取り組んでいます。

「生産性」については、独自の生産管理システム、自社製作工具の利用、最新設備の積極的導入などで生産性を高めています。その結果、約束納期遵守率99％を実現しました。

「技術力」に関しては、公設試験場との共同研究で最新の加工技術を取り込み、国家試験の各種技能士資格取得を推進することで技術力の底上げを図っていると同時に、最新設備として、同時5軸マシニングセンター、ＣＮＣ複合旋盤、ＮＣ自動旋盤、円筒研削盤、センターレス研削盤など、業界トップクラスの豊富な設備を有し、汎用旋盤やフライス盤などの技術も途絶えることなく継続させ、人と設備の相乗効果が継続して成長を支えていく仕組みをつくっています。

「品質保証」の面では、航空機や医療機器分野での品質保証の取組みを通じ、全社的な品質レベル強化を図っています。

医療機器で培われた微細加工技術が、医療の領域に止まらず、航空機部品や全社の技術向上と品質向上に繋がっています。

末武社長は、「佐渡から世界へ」と高い目標を掲げ、国内のみならず、海外にも積極的に飛び回っています。

【本社工場】〒952-1435　新潟県佐渡市沢根23番地1
Tel: 0259-52-6115(代表)　Fax: 0259-52-6247
【新潟工場】〒950-1237　新潟県新潟市南区北田中　497―9　戦略的複合共同工場内
Tel: 025-201-6728　Fax: 025-201-8407
【設立】昭和45年。
代表取締役。末武　和典
HPURL: http://www.sadoseimitsu.co.jp/

4　プロセス：課題化する

課題化の手順

課題化をしていく手順は、まずは問題を把握することです。顕在化している問題点をすべて出して、分析をして、ポイントとなる問題点を特定することです。それは、何が、どこに、どのくらいあるのか、その影響度はと、問題点の中から最優先で解決していかねばならない問題点を特定していきます。問題とは、いわゆる困っていることです。課題は、解決しなければならない問題です。そのことを課題化すると言います。

問題解決に当たっての心構えは、ポジティブ・メンタリティです。決して諦めない姿勢が求められます。そして、ロジカル・シンキングです。論理的に考えることです。さらに、パラダイム・チェンジのスタンスで、従来の枠組みからの転換を図っていくことです。そのためには、ゼロベース思考と仮説思考を持つことが大事です。

過去の経験則や従来のフレームの中だけで考えるのではなく、常にその時点での仮説を持って行動することも大事です。

そのスタンスを堅持しつつ、目的と手段のロジックツリーで、課題解決の全体像を把握して、プライオリティをつけて、解決に向けての着手をしていくのです。

すべての課題を一気に解決することは不可能と思います。

・一番効果が上がりそうな問題は
・一番重要な問題は
・一番多くのことに影響を与えている問題は
・すぐに着手できる問題は

で絞ることです。

なかなか判断が難しいときには、縦軸に重要度、横軸に緊急度のマトリックスを作成し、問題を分布して見てください。右上のゾーンが最優先ゾーンですから、そこの問題から着手することにしましょう。

左下のゾーンは、やらないまたは他の手段（外注や他の人にやってもらう）で実施し、できるだけパワーをかけないという戦略を取りましょう。限られたリソースを集中して最大効果を出すべきです。

5　プロセス：目標を設定する

営業目標の設定

まずは営業戦略で目指す姿が描かれていることが前提となります。その姿の実現のために、何を提供するのか、その価値は、製品や商品としてのモノは、それをお届けする先は、お客様は、どこにどのぐらいいるのか、その対象はどのような属性やニーズを持っている人たちなのか、そしてお客様の顔が見えますか。

これらをしっかり把握した上で、個々の目標を定めていかないと、整合性が取れなくなり、納得度が低くなり、結果としてモチベーションが上がらないという状態に陥ることが多々あります。

つまり、経営やマネジメントが、売上や利益計画ありきの、売りたい金額（量）ではなく、お客様のお困り事を解決する数や質にリンクした目標になっていることが大事なのです。決して手前勝手の売りたい量、イコール目標ではありません。

そうは言っても「儲けないと」「目標を達成しないと」と、与えられた数字のみと戦う営業には、明るく楽しい明日はありません。

また、結果の数字だけで評価するような仕組みですと、目先の目標に追われ、お客様との関係性が損か得かのような駆引きに終始してしまい、結果として競合の参入を許してしまう事態に陥りますので注意しましょう。

営業の目標というと、数字が並び、売上目標や粗利率、半期目標や月度目標等々と代り映えしない数値目標が大半と思います。でも、よく考えてください。

・なぜその数字なのでしょうか
・その数字を達成したら何が起こるのですか
・何がどう変わるのでしょうか
・私たちにとって何が起きるのでしょうか
・はたまた会社はどのように成長するのでしょうか
・成長した後の目指す姿はどのようなものなのでしょうか

このようなことが語れるようなマネジメントを目指しましょう。そうすれば、お客様とも中長期的に絆が強くなり、顧客関係性の強化に繋がり、数字目標のみでなく併せて顧客関係性が強化されて行くことと思います。

絵で描く方法も

会社が変われば何がどのように変わるのでしょうか。最近のミレニアム世代の価値観は、「その活動が自分自身の成長にどのようにどのぐらい影響があるのか」的な考え方に変わってきていると言われています。その意識の変化をよく読み取って、目標を設定していくことも求められていると思います。

目標設定のやり方も、従来のトップダウン型からボトムアップ型で、皆でつくろうとユニークな試みをしている会社の事例を紹介します。

メンバーを巻き込み、チームで考えるために、目標を「絵」で表現させています。

ビジョンをつくるときに、「絵」で描く方法を例に紹介します。

まず初めに、①インタビューをします。いきなり「では、各自のビジョンを発表してください」では、何も出て来ません。

目指したい姿、ありたい姿を「絵」で描いてみてくださいとスタートしてみてください。最初のインタビューは、なるべく大きな姿を描いてもらうことのほうがよいと思います。

ここでの注意点は、「そんなのはダメだよ」とか、途中で否定的な意見を言わないようにすることです。それを言ってしまうと、いいアイデアが出て来なくなりますから要注意です。

次に、徐々にインタビューの項目を具体的なことにしていくのです。

① 目指している規模（売上・利益）・成長率・事業・ブランドイメージ・製品力・技術力・サービス力・品質・スピード（納期）・価格・生産性・デザイン・シェア・ポジショニング・職場環境・人材育成（自己成長）・教育体系・社風・伝統・歴史・やりがい等々です。それらをイメージして、「絵」で表

現させるのです。

② それを言葉にして、すべてポストイットに書き出します。

③ 分野ごとにまとめてみてください。

④ ホワイトボードに貼り出し、似たような分野や領域にグループ化してみてください。

⑤ 沢山出たら、それを7個前後に絞ってください。そして数行にまとめるのです。

なお、1人のときは、友人や支援応援者を呼んで、見てもらいながら意見を取り入れていくとよいと思います。

自己目標を決める

このビジョン策定と同じように、自己目標を決めていくやり方として、自分がどのぐらいやりたいのか、どのぐらい背伸びできるのか、何にチャレンジするのか、本当はどのぐらいできるのか等々の本音を吐き出させるには、「語らせる」より「絵で描かせる」ほうがはるかに本音が出てきます。

さらに、他の人の話や思いに触れて、違う考え方や物の見方など「異なる」ことに直面すると、多様性（ダイバーシティー）が起こすイノベーションに繋がります。そして、その決めた目標は、自分が選択し、自ら決めた目標ですから、挑戦心が高まります。もし、失敗しても、再度チャレンジすることに繋がります。

これで、「自前目標と戦う営業部隊」ができるのです。ぜひトライしてみてください。

6　プロセス：営業戦略を策定する

先に作成したSWOTのクロス分析を使って、営業戦略を作成します。まずは、その目指す姿の達成に向けて、何をしなければならないのか、戦略目的を明確にします。

SWOT分析で抽出した戦略目的を戦略マップにプロッドします。

戦略目的をもとに戦略アップを作成する

戦略マップは、財務の視点、顧客の視点、内部プロセスの視点、人と組織の視点の4つの視点で構成されていますから、各視点に戦略目的をプロッドしてください。

この作業の後に環境分析やSWOT分析からの項目のみでなく、トップからの指示や過去のレビューからの課題もプロッドします。

作成の構図としては、全体の左側に何々を増加する、強化するという増力化系の戦略目的項目を記入します。右側には、何々を減らす、削減するという削減系の戦略目的項目を配置すると全体が見やすく、より理解がしやすいです。

次に、各戦略目的を、一番下段の人と組織の視点から、上向きの矢印で関連する項目を結んでいきます。人と組織の視点から内部プロセスの視点へ、さらに顧客の視点から財務の視点へと矢印で関連づけされたら、全体をチェックしてください（図表10参照）。

【図表 10　４つの視点で戦略全体を可視化する例】

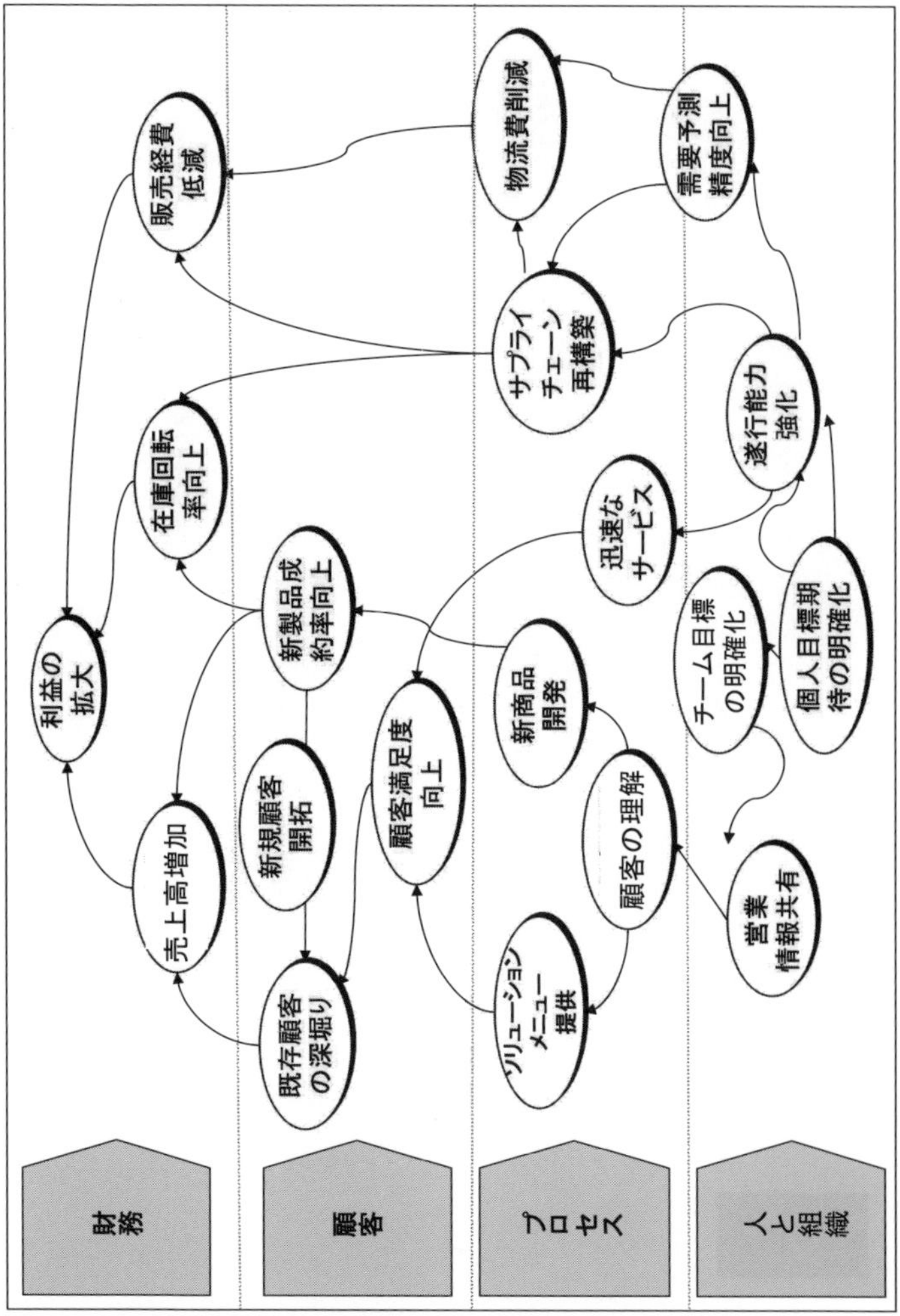

上手く流れないときには、その箇所に最適な戦略目的を考えて挿入してください。

下から矢印に沿って流れをチェックしてから、今度は上の財務の視点から遡って流れを確認しください。このチェック忘れずに実施してください。

以上がＢＳＣの手法です。これで、戦略目的達成の道筋が明確になったと思います。

そのラインの中で、どのラインが一番重要なのか、効果が早く出るラインはとプライオリティづけをしてください。そして行動計画づくりに着手です。

7　プロセス：行動計画をつくり、実施展開して、レビューをする

優先的に実施するラインを決める

戦略マップ全体を見てみると、増力化のラインも、削減系のラインも、すべてやらねばならないと思う気持ちで計画を立てている人が見受けられます。

全部に取り組むことができれば、それはとても素晴らしいことですが、通常業務を抱えながら取り組みますから、現実としては無理ではないでしょうか。

すべてやろうとして中途半端となり、結果うやむやになってしまった経験をされた方も多いと思います。それを避けるべく、プライオリティをつけて、優先的に実施するラインを決めてください。

何が優先するのか、ビジョンや戦略目的との整合性も見ながら、決めていくことが大事です。

人と組織を明確にする

次は、その遂行に向けての組織化です。人と組織を明確にすることが成功のKeyです。何か新しい取組みを始めたり、プロジェクト立上げのときに、いつも同じ名前の人が上がってくることがよく見受けられます。能力が高い人に任せる、または人材はそんなに豊富でない中小企業では、苦肉の策なのでしょうが、このやり方では、その能力の高い人に常に仕事が集中し、その他の方々の成長の機会を奪うばかりでなく、その方の成長にも限界が見えて来てしまうと思います。

このようなときに、誰にどのような仕事を任せるのかと悩んだ場合には、先に学んだマトリックスを作成し、仕事の配分を考えましょう。この場合も、タテ軸にその仕事の重要性の低い、高い、の座標をとり、ヨコ軸にその仕事の緊急性が低い、高いの座標を取りマッピングしてみてください。

重要度が高く、かつ緊急度が高い仕事は、能力の高い人に担当させ、重要度が低く緊急度が高い（または重要度は高いが緊急度は低い）仕事には、次の人を当てはめると言うように整理すると、可視化ができ、最適化ができると思います。

そして、５Ｗ１Ｈで行動計画を作成し、いつ、誰が、どこで、何を、なぜ、どのように（どのぐらい）の項目が明確にされているように計画を作成します。

例えば、「誰が」が不明確なことが散見されます。皆でとか、課全員でというのは、掛け声としては聞こえがよいですが、結果誰も担当してないという無責任な状態になることが予想されますので、曖昧な表記は避けましょう。「１課のＡさんが」というように、明快にわかるように決めてください。誰が責任者なのかを明確にすることも大事です。そして、ＰＤＣＡを回して、実施展開してください。レビューは、すべてが終わってから実施するものと考えている方が多く見られますが、それは間違いです。目標を与えたら、「任せたのだから余計なことは言わない」等は、体のよい言葉ですが、それはマネジメントの放棄です。スタート直後でも、もたつく状況が見られたら即刻介入してください。

早めのサポートが必要なケースもありますし、そもそもいつまでたってもスタートすらしない、できないという笑えない状況もありますから、きちんとウオッチしてください。

また、目標との乖離率がどのくらいになったら介入するのかは、一律ではありません。そのメンバーの力量によりますから、経験や保有しているスキルのレベルを把握しておくことも大事です。

途中のチェックのポイント

途中のチェックのポイントは、何をしようとして、何ができて、何ができなかったのか、その理由は、を繰り返すことです。

最後は、必ず、じゃあどうしますか、あなたならどうしますかと、相手の主体的行動に繋がる質問をしてあげてください。頭から、何々をやれではなく、質問により、相手の自発的行動を引き出すようにしてください。そして、さらなるレベルへチャレンジさせ、その人の能力の成長へと繋げてあげるのです。

併せて、適正かつ公明にしっかり評価して、よいところは褒めてあげることです。そして、任用を忘れずに、次の成長に繋がるような新しい任務を与え、モチベーションに繋げてあげることが重要です。

第3章　エリア戦略をつくろう

1　マーケティングをしよう！

マーケティングに必要な３つの視点

マーケティングに必要な３つの視点は、第1章の2で触れましたが、再度押さえておきましょう。

１つ目は、鳥の目です。これは市場や顧客の全体を俯瞰して見て把握するという視点です。２つ目の目は、虫の目と言われています。細かく細分化して現場の状況をよく見て、事実を確認し、個客や担当市場の詳細を把握する視点です。

例えば、２０００社の既存顧客と１０００社の新規見込客の市場全体を把握する例・図表11を参照ください。

把握している民間顧客数３０００社が存在するA市とはどのような町なのか、そもそもの歴史は、産業は、人口動向は、業種や業態の分布状況はなど、鳥の目で全体を見通します。

その内の既存顧客２０００社、新規見込先１０００社、それぞれの規模やランクづけで層別します。さらに、業種や業態、成長性やポテンシャル等々のサーベイ項目で細かく虫の目で見ていくのです。

情報を整理する

保有している既存顧客の情報をExcelに転記し、整理しておきましょう。

【図表 11　マーケティング　市場把握の例】

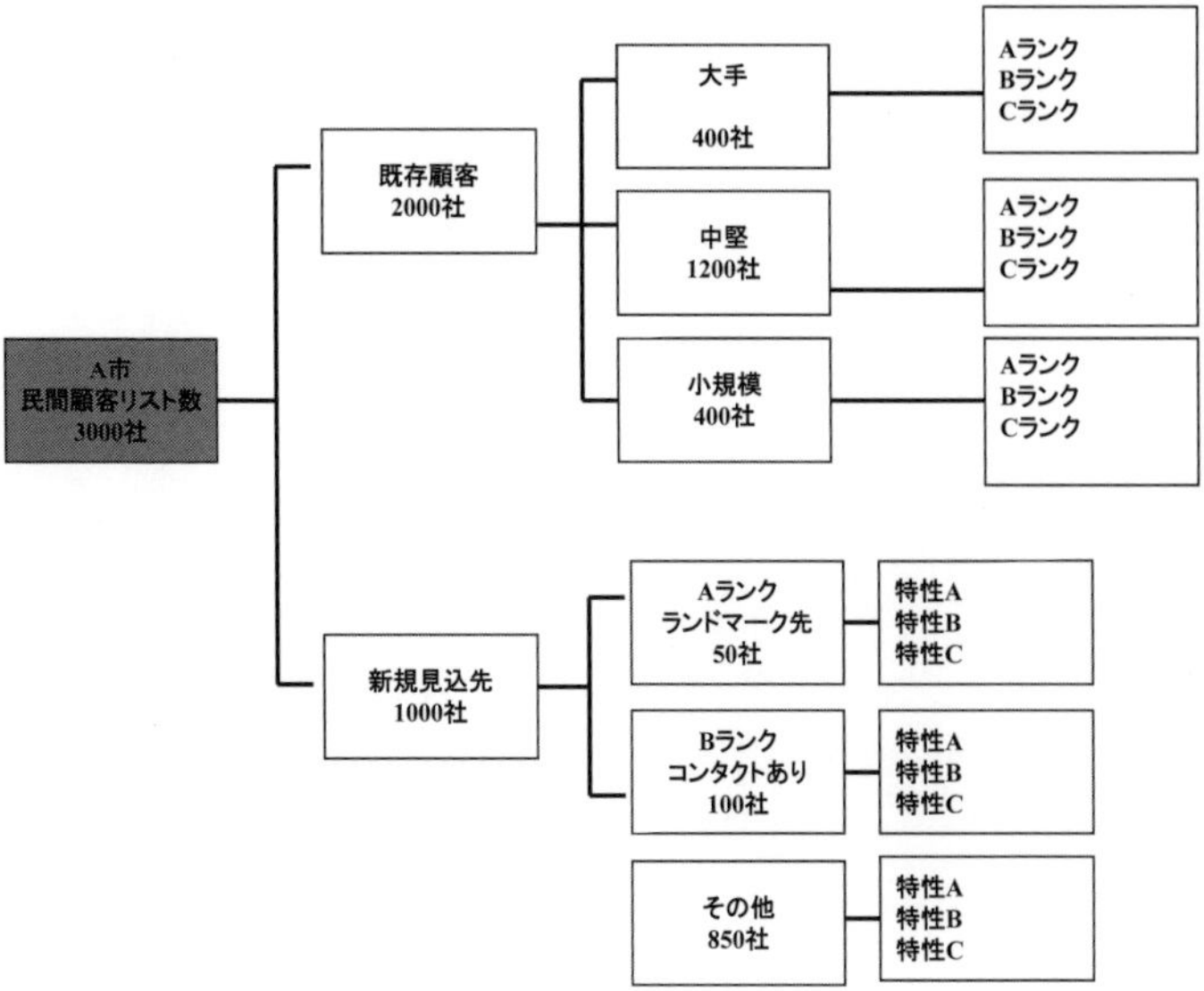

必要項目は、社名、住所、電話、HP、担当者、ライトマン名、社長、業種、業態、従業員規模、導入機種、台数、月間売上、導入システム、導入内容、金額、売上総計（月別・年単位）といった現状の取引状況や人脈氏名は必須です。

新規見込客の必要項目は、新規であり現在取引がない見込客ですから、社名、住所、電話、HP、担当者、ライトマン名、社長、業種、業態、従業員規模くらいは、把握していて欲しいところです。現状は、取引がなく、他社が入っているわけですから、その状況も事細かに把握できていることが望ましいですが、すべて把握しているというのはなかなか難しいと思います。

しかし、何を事業としているのか、何

をつくっているのか、卸なのか小売りなのか等々の業態や業種は、サービスやソリューションとして提供しているモノは何か、創業からの歴史は、ビジネスモデル（儲けの構造）はどのようになっているのか、売上は、利益は、今後の目指す事業の姿は、競合の状況はと、5Cの視点でサーベイすることが大事です。

このような情報が整理されていれば、ユーザーの2000社にソートを掛けて、その時々の営業目的に合わせて対象顧客を選ぶことが瞬時にできるのです。ABC分析や売上順位、複数商品取引状況等々のマーケティングが細かくできるのです。

また、新規見込客にも、この視点は大変活かされます。1000社に対して持ち得ている情報をすべて出し合い、攻略のプライオリティをつけましょう。営業を仕掛けるときにも、ヒト・モノ・カネ・情報から最適選択をして、商談のステップアップに繋げられます。

木を見て森を見ずという言葉があるとおり、マクロの視点ばかりではいけません。逆に、ミクロの視点だけでも、些細なことに惑わされ本質が掴めません。

マーケティングは強みの上に立て

また、マーケティングは強みの上に立てとの言葉がありますので、自社の強みと弱みをしっかり理解していることも求められます。

外部・内部環境認識の重要さや、5Cの視点でお客様を見ることの大切さを忘れずにマーケティングしてください。

　このような手順を踏んでいくと、メンバーの理解度も納得度も上がり、メンバー自らがマーケッターとして育っていく糸口にもなることと思います。

2　方針展開書をつくろう

方針展開書を活用

　いよいよ現場へ展開実行し、行動して成果に繋げていかねばなりません。しかし、なかなかうまく伝わらず、理解してもらえず、行動に繋がらないという苦い経験をしているのではないかと思います。簡潔かつ的確に思いが伝わり、現場が納得し、行動に繋がるようにするにはどのようにしたらいいのか、計画や作戦を1枚で表せたらよいのだけれどと悩んでいるＴＯＰやマネジャーの方々には、方針展開書を活用することをおすすめします。

　組織には、会社全体の戦略があり、それに基づき事業部（または部）方針が出され、そして現場のマネジャーがそれを受けて部下に展開するプロセスの中で、戦略そのものがボヤケたり、方針がブレたりして、数字だけは下りてくるが、目的など含めて何が何だかよくわからない、伝えていくうちに内容が変わってしまっていたなどという思いを数多くしてきているのではないでしょうか。

　そこで、実際に使って効果を上げている方針展開書の実例を紹介しましょう（図表12参照）。

【図表 12　方針展開書の事例（藤本物産）】

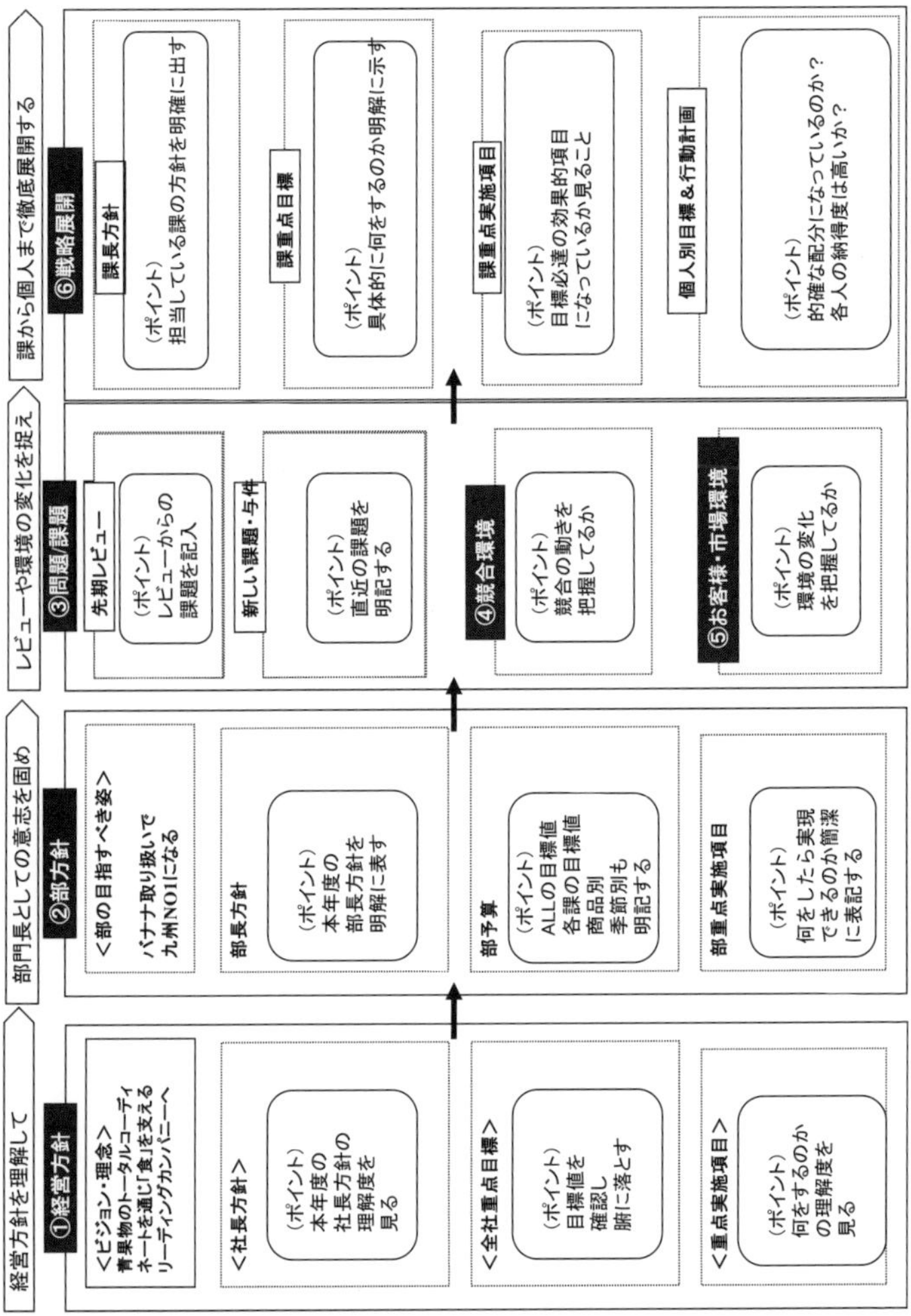

ＴＯＰ方針を受けて、マネジャーとして今期の課題やお客様のニーズ等を把握し、今期の重点目標とそれを実現する目標を決め、いつ、誰が、何を、どのように、どのぐらいやるのかと、明快にして指示する展開書です。それを部下に展開し、なぜこのような戦略をするのか、その背景の説明や必然性を共有し、メンバーへの期待値や、遂行に必要なヒト・モノ・カネ・情報の準備とKFSの項目までが1枚で表せる優れものです。

作成の手順と内容について説明します。

①　経営方針の理解

ここで、上位方針を理解しているのか、よくわかっているのかを見ます。

キックオフや会議で何度も言ってありますし、全社の方針書も配付していますから、「社員はよく理解していますよ！」と胸を張る経営陣が多いですが、本当に伝わっているのでしょうか。

思っているとおりに理解されているとして、現場の営業の方々が納得し、腑に落ちている状態でしょうか。

現場の営業がその目標を達成するために、自ら考え、創意工夫し、知恵を回して成果に繋げている状態でしょうか。

このような姿を実現するためには、上位方針の理解と納得が重要なのでしっかり確認してください。

②　本部（事業部）方針

中小企業の組織体ですと、ここが部（課）に該当します。

全社方針を受けて、各本部（部）の責任者が、自分自身の考えと思いを明らかにし、メンバーへ伝える重要な箇所となります。

ここで本部長（部長）が、上位方針を受け身で受け、ただの伝達機能としてのみ動いているような組織では、上位の意思が伝わりません。

しっかりと上位方針を説明し、本部（部）としての重点目標と、それを達成するための重点施策を意思を持って決め、伝え、展開させ、フォローすることが求められています。「上が言っているのだから仕方ないだろう」とか、「私もあまり賛成でないし、皆の気持ちはわかるが、我慢してやってくれ」などの泣き落とし的発言は絶対禁句です。

さらに、予算を従来のトレンドで立ててみたり、部下への配分を市場も営業の個の能力もお客様や競合の状況も考慮せずに、人数割りで配分するようなことでは、やる気すら起きてきません。

ここは、本部長（部長）の思いや意思を強く打ち出して、熱く語ってください。

③ 先期のレビュー、課題、競合、市場の動き

次に忘れてならないのが、先期のレビューや課題、競合や市場の動きです。担当しているエリアの環境を認識した上で、作戦を立てることが大事です。

④ 戦略展開

いよいよ戦略展開です。自分自身が現場のマネジャーとして、①～③を受けて、部下と共にどのように目標達成していくのか、課題を解決しながら、組織のモチベーションを高めつつ、リーディングしていくことが問われます。

ここは細かく、部下の個人別、月度別、半期ごとの計画立案と、日々と週の確認で、ＰＤＣＡを回すことです。

注意点は

注意事項は、目標値が、売上とか利益目標ばかりとならないようにすることです。

例えば、売上1億円、粗利2，０００万円というKPI（重要業績指標）ばかりで、何をしたらそれが達成できるのか具体的に指示しなければいけません。その数字を達成するための指標（先行指標）も決めることです。

現実には、KPIばかりで、何をしたらそれが達成できるのか具体的に指示されていない現場が多く見受けられます。

もう1つの注意点は、数字や量で計れない側面も見ることが大事です。

例えば、新規のＢtoＢ攻略は、成果を出すまでにかなりの期間を費やします。その間の評価は、売上とか利益という金額（数字）では、計ることはできません。

このようなときには、何をもって成果が上がったと評価するのか、進捗度合いや顧客関係性のステップアップ等の指標も考えておくことが必要となります。結果だけでなく、プロセスを見る指標も必要なのです。

さらに、何か新しいことをしようと思ったら、ヒト・モノ・カネ・情報が新たに必要になることもあります。武装化しないと戦えない領域もありますから、KFSの項目を忘れずに、現場の要求にも耳を傾けてあげることが必要です。

この方針展開書1枚でマネジメントのレベルが把握できますし、そのマネジメントの本質も見えてきます。

また、メンバーの皆さんからは、「なぜこのような作戦をするのか理解できた」「予算の裏づけが理解できた」「自分自身のやるべきことがよくわかった」との声が上がっています。このようになってきたら業績が飛躍的に向上するのです。

実際に徹底して活用している株式会社藤本物産様の事例では、この8年間で売上がほぼ倍増しました。成功の要因の1つが方針展開書の徹底活用ではないかと確信しています。

なお、図表12で紹介した株式会社藤本物産の概要は、次のとおりです。

株式会社藤本物産

青果物流通のトータルカンパニーとして、生産から販売まで青果流通を極め、皆さまの食卓を豊かにする企業、藤本物産は、72年の歴史を持ち、九州ナンバー1の食のリーディングカンパニーを目指しています。

青果物のトータルコーディネーターとして、国産卸部門を国産果実・野菜卸部門と2部門に分け、常に変化する社会情勢や産地状況などに対応できる環境を整え、熊本の恵まれた産地市場の特性を活かした提案を全国へ行っています。

輸入青果卸部門では、輸入商社・メーカー様との直接取引を行うことで、世界中の産地状況や商品情報を随時収集し、お客様に商品提案や情報提供をいち早く行っており、バナナに関しては独自の技術で「美味しいバナナ」の加工を実現しています。

業務卸部門では、外食・中食産業様を中心に、小分け・関連食品の納品など、細かな対応や旬の青果物の提案をしています。

消費者の声をダイレクトに集めている小売販売部門では、消費者ニーズをいち早くキャッチするアンテナショップとして、熊本県～福岡県にかけて店舗展開しており（現在直営店は18店舗）、ここで収集した情報を卸部門にてお客様に発信しております。

ホールディングとして、グループ４社（藤本物産、フレッシュ工房、フレッシュダイレクト、ケイ・エフ物流）があり、生産から卸、加工、流通、販売へとバリューチェーンを拡げ、仲卸からの飛躍を遂げつつあり、ホールディンググループの売上は10年前の90億から前期２０１９年には１７２億円、今期（２０２０年５月末）は１８０億円へと脅威の成長を遂げて来ている注目の企業です。

グループの人事・総務・経理の管理業務をすべて管理本部が行っており、ＩＴ化による業務効率化を積極的に実施しており、顧客価値創造企業へと成長し続けています。

理念の実現に向け、今後も、顧客第一主義を基本に、青果業のプロフェッショナルを目指し、常に自己啓発に努め、日々発展し成長を目指すと、藤本泰弘社長は熱く語ってくれました。

【熊本本社】〒860-0058 熊本県熊本市西区田崎町 414-12
TEL：096-354-1335 ／ FAX：096-353-6452
【九州中央支店】
〒841-0023 佐賀県鳥栖市姫方町蓮原 1633　TEL：0942-87-3789 /FAX：0942-87-3779
【福岡営業所】
〒813-0019　福岡市東区みなと香椎 3-4-1　TEL：092-692-8132/FAX：092-692-8454
【沖縄営業所】
〒900-0014 沖縄県那覇市松尾 1-10-24　ホークシティ那覇　2F
TEL：098-917-2660 / FAX：098-917-2661
HP：URL: https://fb-group.jp/fb/

3　顧客層別をしよう

お客様を層別する目的

上位方針を受け、その戦略を理解し、方針展開が始まりますが、「さあ！　お客様のところへ行け！」の前に、お客様分析が必要です。

お客様と一括りするのではなく、お客様の成長性やこれからの将来性を勘案したり、わが社との取引関係の度合いを把握したりして、お客様を層別することが必要です。

なぜなら、わが社にとってより大切なお客様、これからもずっと長くお付合いをしたいと思っているお客様、常にお取引いただいているお客様、時々お取引をいただくお客様など、様々な関係性がありますので、その関係性を勘案しつつ、お客様を層別し、その層別ごとの戦略を立てることが必要なのです。

顧客層別とは、顧客を区別するのだからカストマー第一に反するのでは、との質問をよく受けますが、それは全くの誤解です。

いずれにしても、すべてのお客様にすべて同じようなサービスや価値提供はできません。したがって、リソースの配分を重点化することは必然です。その基準を現状の売上とか納品実績のみで層別すると見当違いとなります。

【図表 13　顧客層別のやり方　マトリックスでセグメントする】

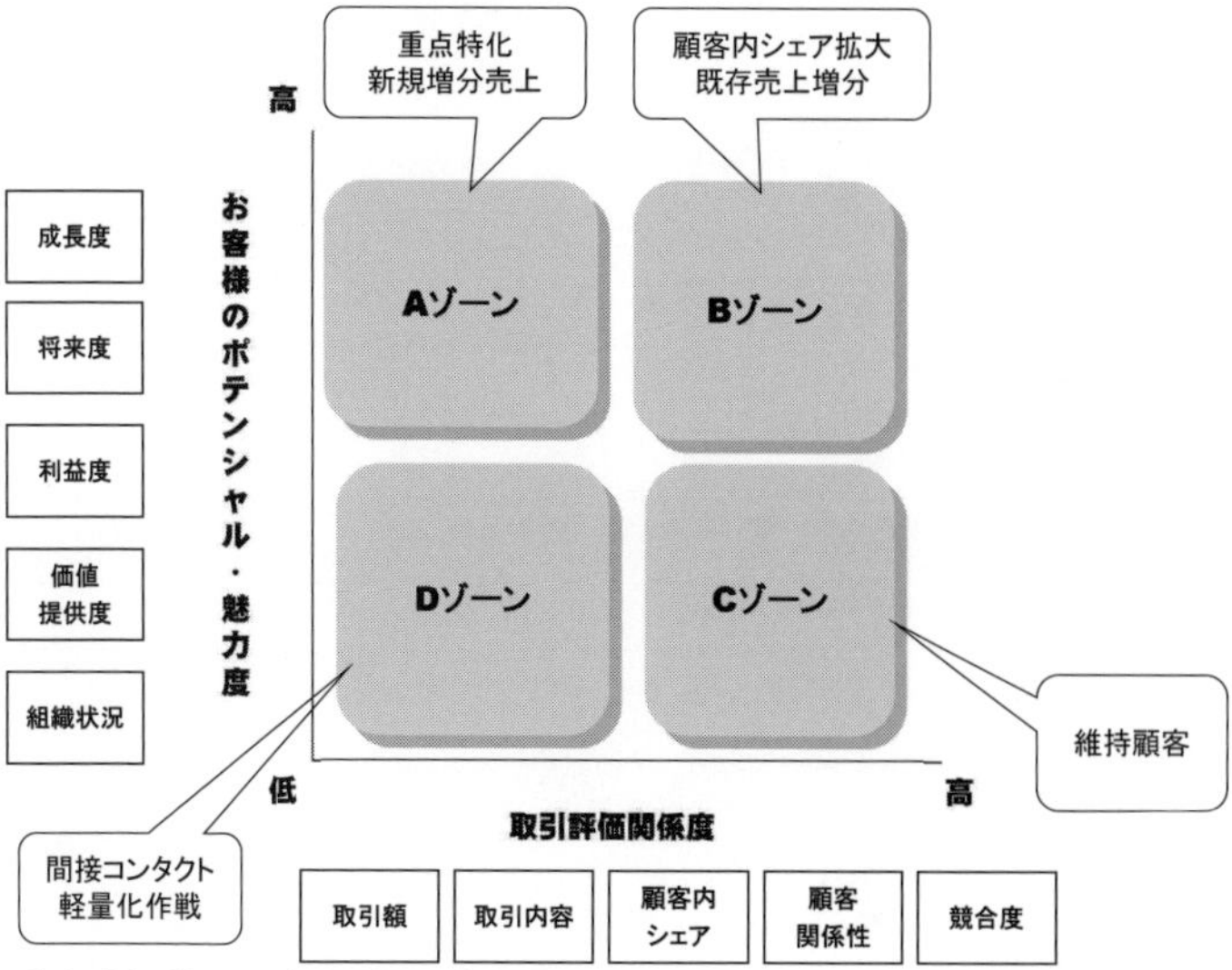

限られたリソースの中で、いかに効率的に営業活動を展開し、最大限の成果を上げて、顧客関係性をいかに濃くしていくのかの答えの１つが顧客層別です。

顧客層別のやり方

層別のやり方は、Excel を使って行います。

タテの項目で５つ、ヨコの項目で５つ、事業や状況に合わせて最適の項目を決めます（図表13参照）。

●タテの項目の例

・成長性（売上や利益伸び率）
・将来性（新規事業の比率）
・利益度（営業利益の伸び率）
・価値提供度（新商品提供状況）
・組織状況（新卒採用数）

●ヨコの項目の例

【図表 14　顧客のポテンシャル】

しっかり定義すること

点数の規定をしっかり策定し共有すること

NO	評価項目	定義	1点	2点	3点	4点	5点
1	成長度	売上伸び率	100未満	～104%	～105%	～110%	～115%
2	将来度	新規事業 売上比率	30%未満	～40%	～45%	～50%	51%～
3	利益度	営業利益率	5%	6%	7%	8%	9%
4	価値提供度	新規商品 提案数	1以下	2～3	4～6	7～9	10～
5	組織状況	新卒採用数	1以下	2～10	11から30	31～50	51～

【図表 15　取引関係度】

曖昧な定義はダメ！

明解に決めること

NO	評価項目	定義	1点	2点	3点	4点	5点
1	取引額	取引額伸び率	100未満	～104%	～105%	～110%	～115%
2	取引内容	単品から複数	1商品	2商品以上	3商品以上	3商品＋ 他商品	5商品＋ 他商品
3	顧客内シェア	シェア率	～19%	20～39%	40～49%	50～59%	60%～
4	対顧客関係性	ランク位置	E	D	C	B	A
5	営業密着度	コンタクト度合	総務中心 課長まで	総務中心 役員コンタ クト	総務＋企画 含む他部門 コンタクト	各役員との 定期的コン タクト	定期的に トップコン タクト

・取引額（伸び率）
・取引内容（複数品取引）
・顧客内シェア（シェア率）
・対顧客関係性（ランク位置）
・営業密着度（コンタクト度合）

各項目を、それぞれ5点満点で、点数をつけていきます。

その点数づけのときの注意点は、次のように各点数の定義を明確に決めていくことです。例えば、成長度は売上の伸び率と定義した場合、対前年度100％未満は1点、2点は101％～104％、3点は～105％、4点は～110％、5点は～115％というように、明確にレベル設定してください（図表14、15参照）。

4　層別マトリックスのゾーン別営業戦略を考えよう

マトリックスごとの戦略

タテにお客様成長度、ヨコに取引度で各評価をしたら、マトリックスにプロッドします。タテ、ヨコの真ん中に点線を入れると、4つの象限に分割されます。このマトリックスの各象限ごとの営業戦略を立てるのです（図表16参照）。

【図表 16　ゾーン別基本戦略と施策策定（古荘本店）】

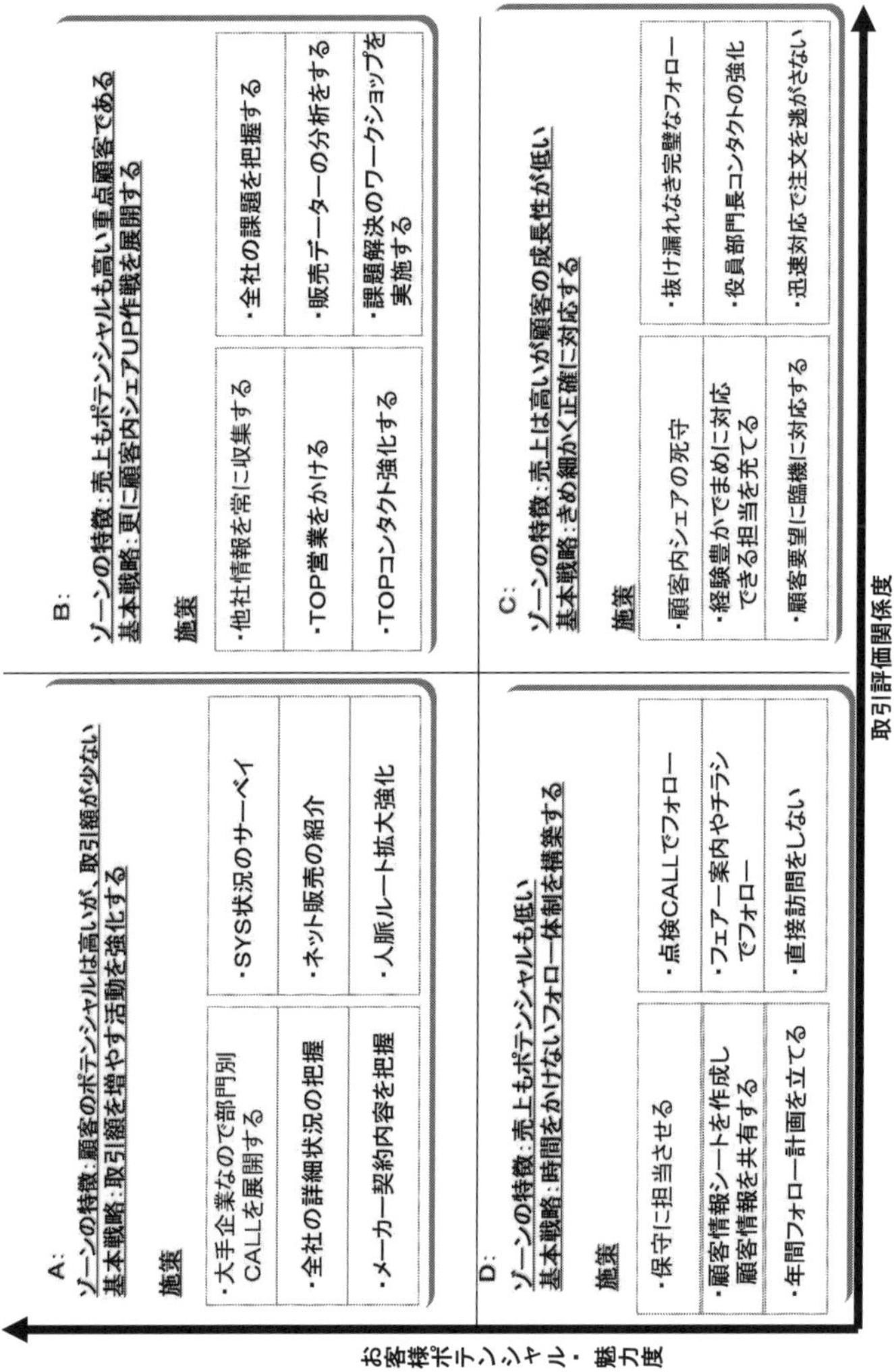

A:
ゾーンの特徴：顧客のポテンシャルは高いが、取引額が少ない
基本戦略：取引額を増やす活動を強化する
施策
・大手企業なので部門別CALLを展開する
・全社の詳細状況の把握
・メーカー契約内容を把握
・SYS状況のサーベイ
・ネット販売の紹介
・人脈ルート拡大強化
B:
ゾーンの特徴：売上もポテンシャルも高い重点顧客である
基本戦略：更に顧客内シェアUP作戦を展開する
施策
・他社情報を常に収集する
・TOP営業をかける
・TOPコンタクト強化する
・全社の課題を把握する
・販売データーの分析をする
・課題解決のワークショップを実施する
C:
ゾーンの特徴：売上は高いが顧客の成長性が低い
基本戦略：きめ細かく正確に対応する
施策
・顧客内シェアの死守
・経験豊かでまめに対応できる担当を充てる
・顧客要望に臨機に対応する
・抜け漏れなき完璧なフォロー
・役員部門長コンタクトの強化
・迅速対応で注文を逃がさない
D:
ゾーンの特徴：売上もポテンシャルも低い
基本戦略：時間をかけないフォロー体制を構築する
施策
・保守に担当させる
・顧客情報シートを作成し顧客情報を共有する
・年間フォロー計画を立てる
・点検CALLでフォロー
・フェアー案内やチラシでフォロー
・直接訪問をしない
取引評価関係度
お客様ポテンシャル・魅力度

担当しているお客様の重点化をするのです。なぜなら、重点化をしてプライオリティをつけないと営業生産性が上がりません。担当しているすべてのお客様に同じ内容とレベルの価値を提供することは大変難しく、また効率も悪く、効果もなく、逆に過剰（過少）サービスとなる面も出てきます。お客様ごとのお客様の要求に合った最適と思われるサービスを提供することが、カスタマーファーストの要諦であり、感動創造の入口に立てるのだと思います。

４つのマトリックスごとの営業戦略の特徴を掴んでください。

・Aゾーンは、お客様の成長度が高いが、現在の取引高（量）は低いゾーンです。
・Bゾーンは、お客様の成長度も高く、取引高（量）も高いゾーンです。
・Cゾーンは、お客様の成長度は低いが、取引高（量）は高いゾーンです。
・Dゾーンは、お客様の成長度が低く、現在の取引高（量）も少ないゾーンです。

担当先のお客様名を入れて、マトリックスに仕上げてください。

事例の詳細

図表16の事例では、次のように設定しています。

・Aゾーン…ゾーンの特徴は、顧客のポテンシャルは高いが、取引額は少ない。
　↓基本戦略：取引額を増やす活動を強化する。
・Bゾーン…ゾーンの特徴は、売上もポテンシャルも高い重点顧客である。

↓基本戦略：顧客内シェアをアップする作戦を展開する。
・Cゾーン…ゾーンの特徴は、売上は高いが顧客の成長性が低い。
↓基本戦略：きめ細かく正確に対応する。
・Dゾーン…ゾーンの特徴は、売上もポテンシャルも低い。
↓基本戦略：人手も時間をかけないフォロー体制を構築する。

このように大枠で各ゾーン別の特徴と基本戦略を立てます。

それを活用して営業計画を立ててみましょう。

例えば、訪問カバー数について考えて見ると、最重要顧客はBゾーンですから、ここのお客様に対しては週に2回訪問しカバーする。しかも、直接フェイスtoフェイスで訪問してお会いする。

次は、守りを主に考えた場合は、Cゾーンが重要ですから、ここは週に1度は訪問し、フェイスtoフェイスでミスなくモレなくカバーする。Dゾーンは、直接カバーはしない。メールや電話、またはDM等での接点とし、軽量化する仕組みをつくり、直接訪問はしない。

その軽量化したパワーをAゾーンに注力する。Aゾーンは、顧客の成長性が高いが、取引が少ないゾーンですから、取引量の拡大に向けた活動をしなければなりません。

そこにDゾーンのパワーを投入するのです。

このように、顧客層別で、担当している全体の顧客戦略を立てることができるのです。

なお、図表16で紹介した株式会社古荘本店の概要は次のとおりです。

株式会社　古荘本店

古荘本店は、１８７７年（明治10年）創業の県下ナンバー1の老舗です。創業者の古荘健二が、西南戦争で荒廃し、着るものが不足していた熊本市民に衣類を供給するために、京都から古着を仕入れてきて販売したことから古荘本店の歴史は始まりました。

「目先の利益を追わず、社会に役立つ事業を興せば、始めは小さくてもいつかは成功する」をモットーに、地域に根差して事業を展開しています。

現在は、アパレル領域での総合卸事業、natura を始めとする直営ショップ事業、オフィス機器や業務ソリューションを提供するＩＴ事業、東芝のエレベーターや事務家具まで幅広く扱うファシリティ事業、DOCOMOショップを展開する通信事業と、地域密着商社として大きく成長を遂げてきています。

理念は、感動共創。目指すは、「地域に根差した商社」として様々な事業を通じて地域社会に貢献し、お客様・従業員とそのご家族のより豊かな生活を追求し続けています。

地域に根差した「商社」として、衣類を始めとして地域の方々が必要とする商品・サービスを適正な質・価格でお届けすることです。

そして、これから取り組みたい福利厚生は、子育て中の従業員を支援するため、現行法定どおりの「生後3歳未満の子を育てる者」に適用している育児勤務（所定労働時間を1時間30分～2時間短縮する措置）を「生後10歳未満の子を育てる者」に緩和適用し、先進的に働き方改革にも取り組んでいます。

また、ＥＳに対しては、「創業以来１４３年の歴史を積み重ねてこれたのは、歴代の従業員さんの支えがあったからこそ」と感謝の気持ちの上で、さらに「やりがい」「達成感」を感じていただけるような会社を目指していくと宣言しています。

「しんらい」「みらい」「あたらしい」というキャッチコピーが示すとおり、長年培ってきた「しんらい」を基盤としながら、「みらい」を見据えて、「あたらしい」ことにチャレンジし続けると、決意を語ってくれました。

【本社】〒860-8608 熊本県熊本市中央区古川町 13。
Tel：096-355-3311　Fax：096-356-3903
・売上　71億円。従業員　約３３０人（パート・アルバイト含む）

代表取締役社長　古荘貴敏。
HP URL：https://furushohonten.co.jp

5　ゾーン別営業戦略の詳細を考えるための5Pとは

各ゾーン別の特徴と基本戦略を立てたら、詳細な施策を作成します。これをしないと絵にかいた餅となりますのでご注意ください。詳細施策をつくるときに使う手法は、5Pが最適と考えます。マーケティングの差別化を考える手法の代表的な手法なのでここでしっかりとマスターしましょう。

Products(商品・製品・ソリューション・サービス）では、商品等のスペックや性能などの差別化はもちろんのこと、アフターサービスや保守形態や時間およびレスポンス、デザインや材質、包装形状等々の項目があります。

Price(価格）は、値引率や対象限定価格やセット価格、さらに大手価格設定など、また期間や地域、曜日や時間限定の戦略等が考えられます。

Place(地域・流通）は、主力の地域はどこか、その地域特性や販売ルート含めてロジステック配送保管体制等があります。

Promotion(販促・営業）は、広告宣伝やイベント開催、事例紹介やユーザーキャンペーン、販促品、営業時間や販促要因の配置等があります。

【図表 17　競合との差別化を５Ｐで考える】

Products(商品・製品・ソリューション・サービス)	
Price(価格)	
Place(地域・流通)	
Promotion(販促・営業)	
People(人)	

People（人）は、営業マンの専門的知識や技術、関連する法律も含めた知識、課題解決ノウハウの経験数や保有しているソリューションメニュー、コミュニケーション力、人脈ネットワーク力、そしてレビュー後の評価や表彰までも含むといわれています。これらは、それぞれの頭文字を取って、マーケティングの５Ｐ分析といわれています。

例えば、Ａゾーンは、顧客内シェアをアップさせるためには、現状提供しているモノやソリューションで顧客課題の解決にお役に立てているのか、価格対応は適切か、物流は問題ないか、販促の内容はこれで十分か、人脈構築ができているか等の視点で、シェアアップの施策を考えるのです。

各ゾーンも、基本戦略に基づき、詳細施策を立て、実施計画に落とし込んでいくことが大事です（図表17参照）。

6　5Ｐ作成時の注意点は

売りたいモノ（売れと言われているモノ）からお客様を見な

いことです。このモノが売れそうな顧客はどこにいるの、沢山買ってくれそうなところはどこで誰だ、そこは何社何人ぐらいいるの、だから数（量）はどのくらい捌けそう、売上は、利益はと、自分の売りたい目線でのマーケティングになると、ただのモノ売りに戻ります。ここは、解決してなんぼのスタンスを忘れずに行きましょう。

第1章の1で学んだように、かつてのマーケティングは、出来上がった製品を顧客に売り込む購買支援活動という意味合いで定義されていましたが、これからは関係するステークホルダー（利害関係者）のすべてにとって有益となるよう、顧客に向けて「価値」を創造・伝達・提供して、顧客との関係性を構築するための一連の過程がマーケティングなのですから、5P作成時にいかに売るかの視点に陥らず、いかにお困り事の解決にお役に立つのかに視点を置き作成してください。

セオドア・レビッドの「顧客は商品を買うのではない。その商品が提供するベネフィットを購入しているのだ」との言葉を噛み締めてください。

また、ピーター・ドラッガーは、「マーケティングの究極の目標は、セリング（売込み）を不要にすることだ」と示唆しています。

お客様はなぜ買うのか、どうしてわが社の製品が選ばれたのか、お客様それで何を解決しようと思っているのか、お客様の最終的なベネフィットは何なのだろうと、5Cの視点を常に忘れずに5Pを作成してください。

第4章　お客様を本当に知っているか

1　個客を知ろう

ＢtoＢ市場では個客情報が大切

市場の把握や顧客理解の手法を学んできましたが、お客様の喜ぶ顔が見えるか、それも個々のお客様の顔が見えるかまでマーケティングせよと言われています。

最終エンドのお客様の顔がどのような顔になっているのか、満足しているのか、不満顔なのか、はたまた激怒しているのか、その顔が見えるように細かく細分化していくことが必要だと言われています。

そのためには、お客様のことを本当に知っているかどうかです。

3C＋2C＝5Cの視点にも通じますが、お客様の個々の情報をしっかり収集し、分析していく個客情報がBtoB市場では、特に大切なのです。

個客情報の調査項目

収集すべき個客情報のサーベイ（調査）項目は、先に説明した静態情報と動態情報に分けて収集しましょう。

●静態情報の項目

・業種・資本金・従規・業務・系列・取引銀行
・現在の利益の構造・儲けの構造（ビジネスモデル）
・グループ・関連会社・提携連携先
・各財務指標（BS/PL/CF）
・組織図・人脈情報・人脈関連図
・取引先（仕入先・卸先・代理店・販売先）

●動態情報の項目

・全社経営戦略・事業戦略・投資予測・重点投資領域
・業界動向・競合動向
・新規参入・新戦略・新事業戦略
・M&A・グループ戦略
・製品戦略・価格戦略
・営業戦略・海外戦略
・競合戦略・顧客と市場の動向・競合の動向
・競合の提供価値
・お客様の要望・お客様の声・お客様のニーズ
・業界団体動向

・法規制動向・ISO 規定・SDGs 活動
・国内外ベンチマーク
・お客様課題把握
・競合の差別化戦略
・市場ニーズ・現場業務フロー確認・生の声収集
・その他

代表的な情報源

インターネットでほとんどの情報が収集できますが、次に代表的な情報源を列挙してみました。

・日経新聞や一般紙（デジタル配信を含む）
・各種業界誌や新聞
・各種雑誌
・各社のＩＲ情報
・四季報
・有報（有価証券報告書）
・市場調査レポート（官民ともに）
・消費動向（各省庁のＨＰ）

・市場動向（シンクタンク系等）
・業界地図
・各種統計データー（各省庁やコンサルファームのＨＰ）
・ベンチマーク先（競合ベンチマーク先のＨＰ）
・ＣＳ調査データー
・法人ナンバー

コツコツと調査

一気にすべての情報を集めるのは無理です。日々の収集や訪問時のヒヤリング等、あらゆる機会を逃さずコツコツとサーベイし続けることが大事です。

まずは、顧客層別でセグメントして、対象顧客を選定しましょう。そして、現在保有している情報の整理や現在までの取引状況の分析をしておきましょう。社内に眠っている情報資産も見逃さずに発掘し整理しておくことです。この間の取引状況や過去のトラブル等々含めて、押さえておくことも忘れずに実施してください。

その上で、サーベイを開始し、不明やわからない点は、お客様に聞くようにしましょう。何でも聞けばいいというのではお客様が離れていくことになります。すべてはお客様を知ることから始まることを肝に銘じておきましょう。

2 「個客」攻略シートをつくろう

個客攻略シート活用の目的

お客様の静態情報と動態情報の把握ができたら、重要項目を抜き出し、個客攻略表（図表18参照）として1枚のフォームに落とし込みます。

項目は、5Cの情報が、まず一番に来ます。お客様情報・競合の情報・自社の状況の3Cです。そこにお客様のお客様とお客様の競合の2Cの情報が追加されます。

次に、お客様を取り巻く環境の情報と業界の動向の把握です。

今までの取引の状況と現在抱えている課題、それにお客様の課題とニーズを加味します。

お客様の組織図や人脈関連図、決済ルートやライトラインも押さえておくことです。そして、今年度の攻略方針を決めます。

この部門は何の業務をしているのだろうか、誰がライトマンなのか、そこに辿り着くルートや人脈はどのように切り開けばよいのかといったハウツーやテクニックも大事ですが、お客様が何に困っているのか、お客様の課題は何なのだろうか、お客様はどうありたいと思っているのか、お客様の生残り戦略はどのような内容なのだろうかと、常にお客様の目指す姿実現のために何ができるのか、お役に立てることはないのかのスタンスを持ち続けることを忘れないでください。

【図表 18　個別顧客攻略表】

部　課　氏名　作成日　改定日

お客様名：　住所：　担当者：　電話：　Mail:

お客様情報

競合情報

自社情況

環境認識・業界動向

今までの取引と課題

今期の課題

お客様の課題とニーズ

人脈
（詳細は別紙添付のこと）

業界情報

基本戦略：

実施項目	提供内容	導入時期・部署	金額
すぐに提案			
3か月以内提案			
半年先提案			

実施項目詳細

いつ	どこで	誰が	何を	どのように	結果	課題

KFS（成功の鍵）

本人コメント

上長コメント

その上で、自社の強みを生かし、お客様課題解決の提案をするための個客情報を整理することが大事なのです。

お客様から、「そこまで考えてくれたのか」「ありがとう」「助かったよ」と言葉をかけられて初めて顧客密着度が上がるのです。

特に、担当者やマネジャーの方は、与えられた予算（目標値）をいかに達成するのかからお客様を見る「癖」が身に染みていますし、早く結果を出そうとする傾向がどうしても強くなります。その思いが強くなればなるほど、目先の見えている問題に走ることとなり、顕在化している課題解決ばかりの提案となり、商談規模も小さく、しかも競合を往々にして呼び込んでしまいます。

さらに顕在化している課題は、当然、競合も把握し、周知のこととして営業活動をして来ていますから、価格競争に陥ることになり、たとえ競合排除に成功したとしてもあまり喜べない成果となることが多いと思います。

自ら価格競争に入る必要は毛頭ないのですから、ここは潜在的課題解決まで視野に入れて、お客様を知るために個客情報を整理してください。結果として商談規模も大きくなります。

実施計画は、すぐできてすぐやれること、半年後ぐらいに実施すること、準備期間が必要で来期にやろうと思うことなど、短期・中期・長期の時系列で立てることがポイントとなります。そうすれば、その場限りの商談でなく継続・連鎖・拡大することができるからです。

この個別攻略シートを活用することで、個客の課題の共有化が図れ、さらに知恵も引き出せるのです。ＢtoＢ営業をするには、最低限必要なことです。

３　大手「個客」にはＶＩＰノートを作成しよう

大手のお客様については、さらに詳細な情報を収集し、これからのビジネスをつくっていくのに必要な項目を追加した、ＶＩＰノート（Very Important Person Note）を作成すべきと考えます（図表19参照）。

そのためには、先の個別攻略シートにプラスして、より詳細なお客様情報を把握する必要があります。

大手のお客様の情報は、公開されていますから比較的入手しやすい面もありますが、中期経営計画や投資計画等は、なかなか詳細にわたりサーベイするのは難しいと思います。

現状とのギャップ把握

しかし、お客様のお困り事や課題は、お客様のお客様や競合の動向分析を経て、お客様が生き残っていく戦略を立てた時点での、現状とのギャップ（差）にあるのですから、そこを把握するためには、様々な情報収集が必要なのです。

上場企業の場合は、IR（Investor Relations）で投資家向けて経営状況や財務状況含めて広報をしなければなりませんので、これからどのような事業を拡大して、顧客価値を創造していこうとしているのかが読み取れます。必ず目を通してください。

【図表 19　ＶＩＰノートの事例（株式会社 industria）】

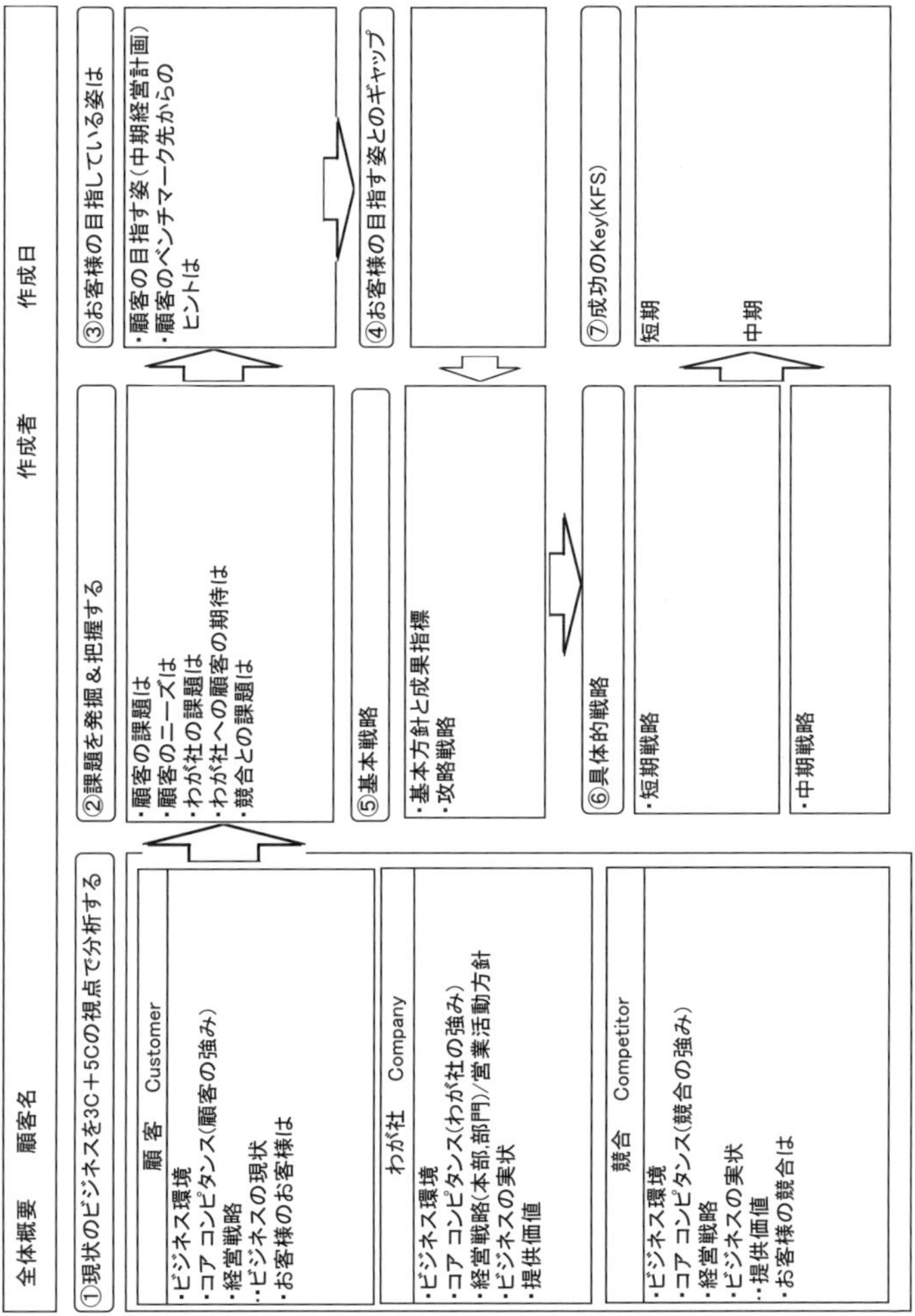

どのような事業で、いつまでに、どのくらい成長させ、どのような規模やシェアを目指しているのか、期間や数字を含めて開示されていますから、それをしっかり把握することです。

売上目標、利益額（率）、シェア○％アップ、狙っている業界地位は何番目などを、どのようにして達成しようと考えているのか、そのために何を提供しようと計画しているのか、モノ・コト・サービスの内容は、狙い先や主要な顧客はどこなのか、その目標を達成するコアコンピタンスが自社内にあるのか、その技術やノウハウを保有しているのか、なければどこから調達するのか、連携するのか、買収するのか、それで競合に勝てるのか、勝つとしたらどのように勝つのか、リスクはないのか、リスク対応計画は万全か等々を把握することが大事です。

ギャップの把握

では、どのようにして把握すればいいのでしょうか。それは、先に述べたことと同様に、目指すべき姿と現状のギャップを掴まえることです。

例えば、売上目標とのギャップを把握するには、現状提供しているモノ・コト・サービスと、達成に向けて今後提供していくモノ・コト・サービスの「差」を把握し、そのギャップを埋めるためには何をしなければならないのかを明確にするのです。

その明確になったことを解決していくのです。そこにお客様の最大の関心事があるのです。それを解決していく相談相手に選ばれたらパートナーの道が開けるのです。

そのためには、ＶＩＰノートを作成していく中で、お客様を深掘りしてよく見ること、よくサーベイすることです。お客様情報の可視化は、課題把握や営業戦略を立てるためには不可欠なのです。

しかし、ＶＩＰノート作成には時間がかかります。お客様も変化をしていきますから、常に最新情報を入手し、共有分析することも求められます。情報資産として組織で管理し保管し継続して活用できる仕組みをつくることも大事です。

なお、図表19のＶＩＰノートの事例企業・株式会社 Industria の概要は、次のとおりです。

株式会社 industria

主力製品の FILSTAR(フィルスター)は、作業改善とクリーン化を同時に実現し、クーラントタンクの問題を解決する優れものです。その特徴は、遠心力を利用し、固液分離を行うエレメントレス・フィルター（エレメントのないフィルター）です。①産業廃棄物ゼロ：エレメントを使用しないため、産業廃棄物となる使用済のエレメントが発生しません。②メンテナンスゼロ：エレメントを使用しないため、時間のかかる交換作業が一切かかりません。③ランニングコストゼロ：エレメントを使用しないため、エレメント購入費が一切かかりません。また、交換作業による人件費も一切かかりません。

それが高い評価を得て、２０１８年12月、「第1回エコプロアワード 環境大臣賞」を受賞しています。産業廃棄物となるフィルターが不要であり、他の水処理技術と比較し、初期投資を劇的に抑えることができ、メンテナンスが容易で、ランニングコストを非常に低く抑えることが可能。また、この装置に化学的処理工程を加えれば、高度な水処理・水の浄化(上水化や水の改質)を行うことも可能。工場内などで発生する汚水をフィルターなしで微細なものを含め、除去する技術は、水の循環利用、また、環境への配慮とユーザーの手間の削減を同時に実現するというのが受賞の理由です。

また一方で、「スモール・ジャイアンツ・アワード２０１９グローカル賞」を受賞しました。

「大企業」の「大」は、売上、利益、従業員数といった規模の「大」。しかし、規模は小さくても影響力や地域貢献の大きさが「大」の会社もあるはずです。

Forbes JAPANでは、そのような企業を「スモール・ジャイアンツ」として、消費者の心を鷲掴みにしたアイデア、価値観、仕組み、技術、そんな価値ある企業を表彰しており、２０１８年12月に受賞しています。

お客様は、自動車をはじめ、工作機械メーカーや建設機械、精密機器製造まで幅広く、環境対応の解決事例では、洗浄液の清浄度が向上フィルターの交換周期延長効果や、NC旋盤で夏場に発生する水溶性切削油の腐敗臭の改善事例でクーラント腐敗臭を防止さよなら、夏場の嫌な臭いともおさらば…と、コスト削減効果のみならず、持続開発可能な世界実現に向けて、さらなるソリューションを提供し続けいています。

国内だけでなく、海外にも拠点（韓国、タイ）があり、納入実績は、カナダ、アメリカ、メキシコ、ブラジル、アルゼンチン、韓国、台湾、中国、タイ、ベトナム、フィリピン、インドネシア、マレーシア、インド、トルコ、イスラエル、南アフリカ、オーストラリア、イギリス、イタリア、ドイツ、フランス、スロバキア、ロシア、スイスと世界で活躍している超元気な企業です。

【本社】〒358-0014　埼玉県入間市宮寺 2700
TEL：04-2934-6921　FAX：04-2934-6962
代表取締役社長　高橋　一彰
HP　URL：http://www.industria.co.jp/

4　顧客データベースを活用しよう

顧客管理の目的を明確に

大手の個客にはＶＩＰノートで、中堅の個客には個別攻略表で、それぞれのお客様情報の整理や営業戦略を立てて、お客様課題解決に向っていく体制が取れました。

しかし、これ以外のお客様情報は、どのように整理されていますか。既存のお客様を含めると、多くの顧客情報を抱えていることと思います。

「個客」情報の整理の前に、前提として全社の顧客情報の一元管理はできていますか。顧客管理のソフトやアプリケーションは数多く販売されていますが、自社に最適なアプリケーションで管理されていますか。どのような仕組みを導入するかを検討する前に、顧客管理で何をするのか、何をしたいのかを明確にしましょう。

顧客管理業務改善プロジェクトを組織化して立ち上げるのも1つの方法です。手順は、現状の顧客管理の問題点の把握です。そして課題化です。ボトムネックを把握して、解決策立案、解決策選定、見積もりをして改善着手が一般的なプロセスですが、そもそも顧客管理とは、お客様情報を整理し、管理することですから、顧客情報の何と何を、どのように整理し、管理するのが自社にとっての目的に適うのかと考えてみてください。

パッケージを導入してもあまり改善効果が見られない、使い勝手がよくない、わが社の業務プロセスに合わないなどの導入ミスとならないように、導入目的が達成できる最適な選択をしてください。

顧客名、住所、電話、ＨＰアドレス、担当部署、担当者、ライトマン名、メールアドレス、携帯番号、取引内容、取引額はもちろんですが、業種や業務によって他の項目も追加してマーケティングにフル活用できるようにつくりましょう。

さらに、請求書発行業務との連携、出退勤システムや営業活動の入力（SFA）からお客様の声の収集分析、そして購買機会を的確に把握するマーケティング機能まで、様々な要求に応えてくれる多機能なソリューションが揃っています。

セキュリティ面もしっかり管理

セキュリティと情報漏洩の面もしっかりとマネジメントすることが求められています。

顧客情報は、会社の大切な財産ですから、情報セキュリティをいかに保証するかは、今や経営にとっても組織にとって大きな経営課題です。それに対して組織的体系的に取り組むことが求められています。

外部からのハッカー等の不正な攻撃、または内部者の不正行為など、様々な多種多様な「脅威」が予見されます。

これは、ＩＴによる技術的な対策はもちろんのことですが、もう1つ、各組織における適切な情報セキュリティの仕組みが不可欠です。セキュリティの規則やルールの厳守はもちろんですが、1人ひとりの意識向上も不可欠です。

情報セキュリティに関する通達だけではルールの徹底や、浸透には至りません。そのためには、現場でのＰＤＣＡのサイクルが回っていることが大事です。

Plan では、顧客情報資産の整理と把握。リスク課題を整理し、情報セキュリティのルールの徹底計画を立てましょう。

Doでは、メンバーにルールを周知徹底し、共有や理解をさせる機会をつくりましょう。

Checkでは、顧客情報管理ルールに基づき、管理運営され、利用活用されていて、安全に情報が保たれているのかチェックしましょう。

Actでは、チェックの内容を精査し、できていることとできてないことへのさらなる改善活動を計画し、実行に移すことで、望ましい体制が継続して実現できるように定着浸透させてください。

さらに、次の3つのポイントを押さえましょう。

① 機密性は大丈夫か
② 完全性は大丈夫か
③ いつでも活用できるか

もしも情報流失のような事態が起きたら、社会的責任とダメージは計り知れません。しっかりと構築しましょう。

5　セグメントをしよう

セグメントとは

データー分析で得られた情報をもとに、市場や顧客の細分化を図り、そこから標的市場を決めます。市場を切り分け、細かく細分化していき、自社の提供するモノやコトが優位性を保持できる対象市場をセグメントしていくのです。つまり、勝つ市場を決めるのです。

そして、マーケティングミックスで最適化を図ります。セグメントした市場に向けて、製品や販売ルート、価格戦略等々をミックスして最適化を図るのです。ここでは5Pを活用しましょう。

そして行動計画を立てます。実行のシナリオづくりです。ポイントは、5W1Hでヌケもれなく立案することです。

セグメンテーションとは、一定の基準に従って、市場を層別し（層）、グループにて（群）、市場や顧客の顔が見えるように（個）にして言うことです。

そのことをわかりやすく「層群個」と表現しています。マーケティングに必要な考え方で、まず市場を大きく層別して、その中をグループ分けして（群）、個別に見ていくということを表しています。

マネジメント職にある方に、主要な市場はどこですか、どこから狙いますかと質問しますと、「対象地域は全国です」「東京都全部です」と自信満々に答える方がいます。

ヒト・モノ・カネがあり余っているのでしょうか、そのような会社は既に市場から退出していることと思います。そのような大まかなセグメンテーションは止めましょう。

市場を絞り、勝つマーケティングを目指しましょう。

セグメンテーションの4つのチェックポイントは、次のとおりです。

①　測定可能（市場規模や競争情報、お客様の反応は測定できるか）

② 実質性（最低限の規模ないし利益獲得の見込みがあるか）
③ 到達可能性（効果的にその顧客へ到達できるか）
④ 実行可能性（実行できる資源を持っているか）

ポジショニング

そしてポジショニング（図表20参照）で自社の位置を確認し、その選択した市場の顧客のニーズにどのように価値を届けるのかを考えましょう。

コトラーの競争地位の4つの類型の特徴がヒントです。

・マーケットリーダーは、業界ナンバー1企業であり、充分な経営リソースを活用して市場全体を攻略します。主要なるテーマはシェアの維持です。
・チャレンジャーは、マーケットリーダーのシェアをいかに差別化し、切り崩すかが最大のテーマとなります。
・フォロワーは、業界の流れに準じて行動し、上位企業の真似をして無理な戦略はとらない業界追随型企業のことです。
・ニッチャーとは、壁の窪み（Niche）を意味します。つまり、特定の小さなセグメントに集中して攻略することで、そのセグメントを独占するやり方です。シェアは小さいですが、ユニークな製品・サービスを提供することで、独自の高付加価値戦略を取ります。

【図表 20　ポジショニング】

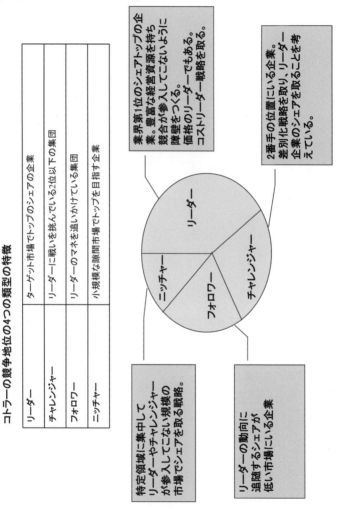

コトラーの競争地位の4つの類型の特徴

リーダー	ターゲット市場でトップのシェアの企業
チャレンジャー	リーダーに戦いを挑んでいる2位以下の集団
フォロワー	リーダーのマネを追いかけている集団
ニッチャー	小規模な隙間市場でトップを目指す企業

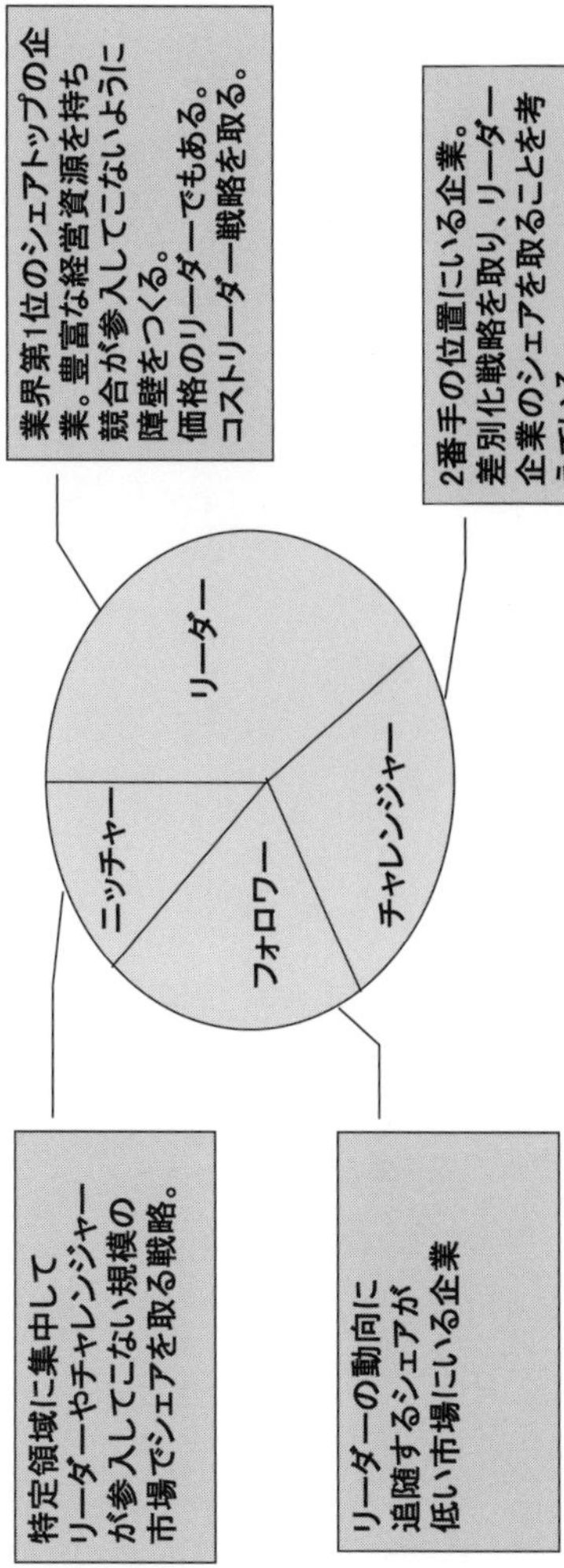
業界第1位のシェアトップの企業。豊富な経営資源を持ち競合が参入してこないように障壁をつくる。価格のリーダーでもある。コストリーダー戦略を取る。
2番手の位置にいる企業。差別化戦略を取り、リーダー企業のシェアを取ることを考えている。
リーダー
チャレンジャー
フォロワー
ニッチャー
特定領域に集中してリーダーやチャレンジャーが参入してこない規模の市場でシェアを取る戦略。
リーダーの動向に追随するシェアが低い市場にいる企業

あなたの会社の立ち位置は、どこに該当しますか。

データーを活用して、セグメントしたら、ポジショニングでマーケティングを考えましょう。お客様を様々な角度から見て、知って、VIPノートを作成したけれど、あまり使われず、活用されていないとの声を聞きます。これは本当にもったいない状況です。組織には、沢山の情報や成功や失敗の事例が蓄積されています。その貴重な情報資産が活用されていない組織は、学習機能が働かず、競争優位を生み出す力がいつまでたっても備わりません。

1人ひとりが保有している情報や知識を含めて表出させる見える化の仕組みの1つが、VIPノートなのです。この1人ひとりの内包されている情報（暗黙知）を対話や共同思考で見える化（形式知化）し、そのナレッジを出し合い、整理したVIPノートを活用しない手はありません。データーベース化し、常に最新情報を入れ込み、共有化して、新たに個々人に内包されて「さあどうしよう」と行動に繋がっていくのです。そのサイクルを回す契機として、VIPノートを位置づけると組織のナレッジの共有活用にも繋がります。

ITツールを使いこなすスキルとか、情報を管理運営することだけでなく、組織の持つナレッジを整理分類し、見直し、修正加工して、分析し、議論検討することがとても大事なのです。お客様の価値を見直したり、活用することによって、さらに顧客価値が高まったり、新しい価値創造へと繋がるのです。

VIPノートを媒体に「何を読み取るのか」、そして「どのような貢献ができるのか」を考えましょう。

第5章　お客様感動の世界をつくろう

1　感動を創造する営業プロセスを考える

お客様との間に生じる溝

お客様の要望や期待に的確かつ適切に応えなければ、お客様はこちらに振り向いてもくれません。また、そのタイミングを誤リ、取返しのつかない事態を引き起こした経験はありませんか。

一方、マネジャーの指示どおり、段階を踏んで営業をしてきたのに、なぜお客様は購入してくれないのか、なかなか決まらない理由は何なのだろうかと悩んでいませんか。

営業にかかわる人たちは、狙ったときに狙いどおりの営業を展開したいと常に思っています。しかし、現実はなかなかその思いどおりにはいきません。

それは、なぜでしょうか。それは、売りたいわれわれとお客様の「あいだ」に溝があるからではないでしょうか。

その溝の1つは、お客様の購買プロセスに、われわれ営業の販売プロセスが合致していないからではないでしょうか。その溝を埋めない限り、われわれが望むような成果は得られないと思います。

次のような悩みはありませんか。

・予定どおり決まらない。
・いつも納期が延びる。

・突発対応に追われている。
・次に何をしたらいいのかわからない。
・どうしたら商談の進捗が促進できるかわからない。
・お客様とのズレを感じる。
・お客様が思うように動いてくれない。
・お客様に喜んでもらえていない。
・商談が成立するかどうか不安だ。
・お客様にもっと信頼されたい。
・お客様との継続的な関係をつくりたい。
・情報が整理されてなく、どこにあるのかわからない。
・社内関連部署と上手くいかない。　等々

営業プロセスの可視化

その結果、次の商談にも影響し、結果として競合に負け続けるような事態が起きていませんか。このような悩みを解決するために、お客様の購買（購入）活動とそのプロセスの把握と理解の上に、われわれの営業プロセスの可視化をすることで販売活動の最適化を実現し、お客様との関係性を飛躍的に強化する必要があります。

その活動の全体像を可視化するＣＩＰ（Customer Intimacy Program）を学んでください。このＣＩＰを身につけて、お客様との関係性を飛躍的に強化し、感動創造営業を目指しましょう（図表21参照）。

ＡＩＤＭＡの法則は、購入者は、Attention（注意）、Interest（興味）、Desire（欲望）、Memory（記憶）、Action（行動）の流れで認知して、感情移入して購買に至るというように消費行動が流れると仮説を立てます。広告等で消費者の注意を引きつけて、興味を喚起させ、使ってみたいなと欲望を掻き立てて、記憶に残し、購入へと行動するという反応プロセスに基づいていて、マーケティングのもとになっている法則です。

この法則をもとに、ＢtoＢ営業を考えてみると、足りないことが沢山あることに気づくと思います。ＢtoＢですから、お客様の担当者の方は、様々な業務の流れの中で業務を担当しています。また、その業務の最適効果効率を常に目指していますから、その方のミッションや、その業務が目指していることや、エンドのカストマーにどのような価値を届けようとしているのかを含めて５Ｃの視点でお客様と業務を見ていかねばいけないということです。

つまり、お客様が何をポイントに、いつ、どのように購入を決めていくのかの購買のプロセスを把握しておくことが求められているのです。

そして、われわれが行っている営業のプロセスが、お客様の購買プロセスに合致しているのかがポイントとなります。お客様が望むときにタイミングよく届けられていますか。

【図表 21　ＣＩＰ全体像　完成イメージ】

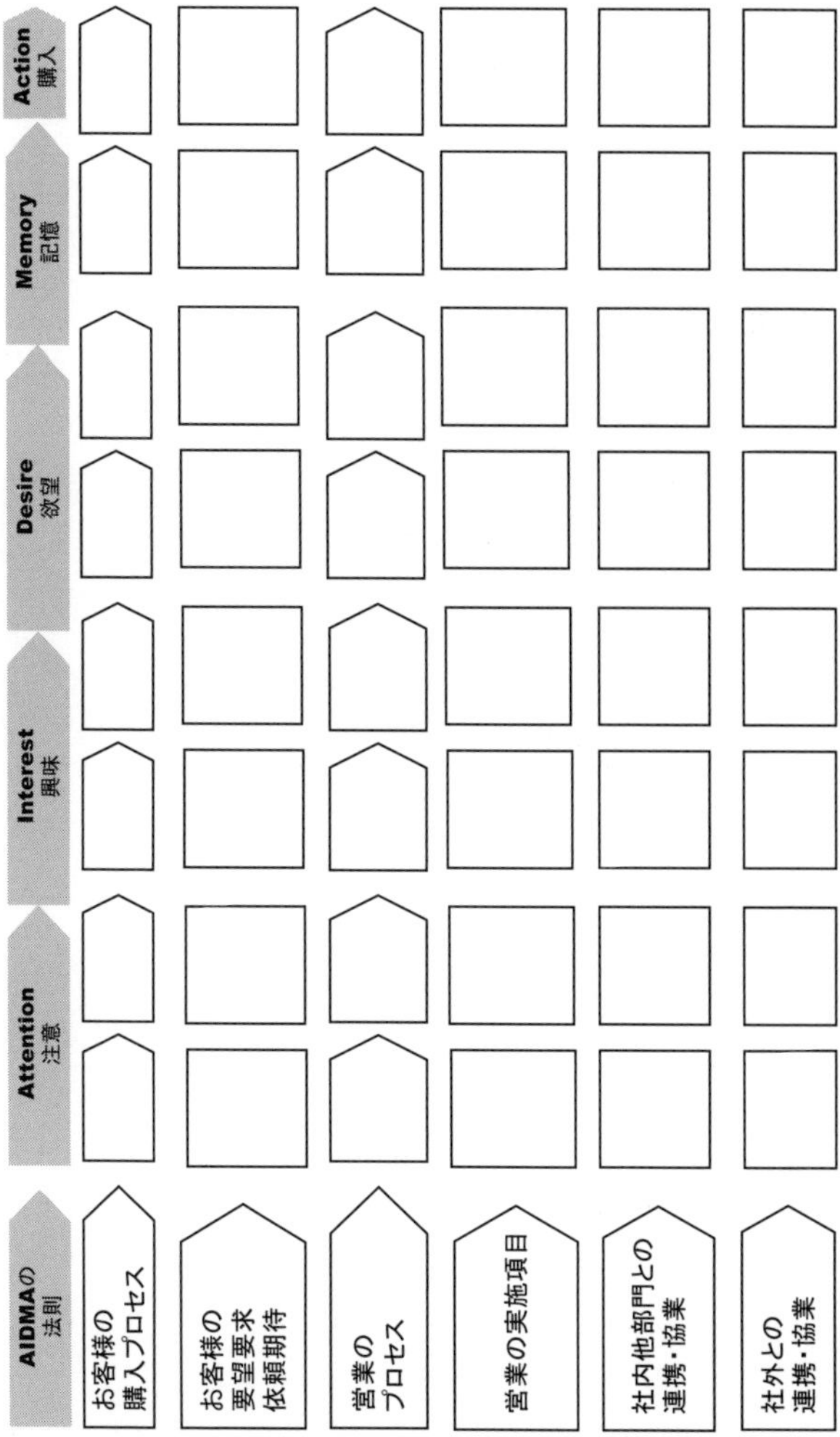

よくある例ですが、お客様が検討もしてない、買う気もないのに、「安くしますよ」と価格提示をして売り込む営業に遭遇したことはありませんか。そのときにその営業から物を買いますか。お客様が聞きたいこと、確認したいことがあるのに、「今なら○%割引きしますよ！」「明日、納品できますよ！」などと頓珍漢な対応を経験されたことはありませんか。

B to B営業では、しっかりとお客様の購買プロセスを分析し、可視化し、そのプロセスごとにわれわれに何を要求しているのか、期待は何なのだろうか、要望はと、明確に把握していないといけません。また、それにしっかりと応えていく営業プロセスとなっていますか。

さらに、タイミングは如何でしょうか。自問自答してみてください。

また、要望や期待の内容が、営業部門だけで対応できないことも発生してきます。そのためにも、日頃から他部門との連携や社外との協力体制まで視野に入れて仕組化していることが大事です。

そのプロセス全体を可視化したのがＣＩＰです。

2　ＣＩＰをつくる方法

ＣＩＰをつくる手順

まず初めに、自分たちの日々やっている営業のプロセスを可視化します。

① 各自自分がしている営業のプロセスを書きます。

②　全員の書いたものを出し合い、議論しつつチーム合意をつくります。
③　次に、自分が担当しているお客様が日々どのようなプロセスで業務を遂行しているのか、そのプロセスを各自書きます。
④　全員の書いたものを出し合い、議論しつつチーム合意をつくります。
（作成した順番を模造紙に貼っておきます）
⑤　お客様のプロセスごとの、営業に対する要求要望依頼期待をすべて書き出し、各プロセスごとに整理します。
⑥　②で作成したわれわれの営業プロセスがお客様の購買プロセスに合致しているかどうかチェックし、修正し、合致させます。
⑦　その営業プロセスごとのお客様要求・要望・期待・依頼に応える営業の実施項目を詳細に作成します。
⑧　お客様の要求・要望に自部門だけで対応できないときにはどうしているか、社内の他部門への依頼や支援をお願いすることを書き出します。
⑨　社内で対応できない場合は、社外との協力体制づくりや連携・協業まで考えておくことが必要です。その必要項目を書き出しましょう。
⑩　全体をチェックします。ここで足りない項目を加筆修正してください。
⑪　さらに、今求められていることだけでなく、近い将来求められるであろう要求・要望・期待・依頼についても記入します。

これで全体像が出来上がりました。

しかし、このプロセスを順番どおりにやれば完璧だというものでもありません。お客様の様子をしっかりウオッチし、お客様の望んでいるときに、タイミングよく対応できることがキーとなります。

また、すべてのプロセスや項目を実施したからいい反応が出るとは限りません。実際の営業活動の中では、立ち止まってみたり、途中で戻ってみたり、競合が出てきたりと、様々な事態が予測されることも押さえておいてください。

このCIPの可視化は、顧客関係性の飛躍的強化に繋がるだけでなく、マネジャーの方にとっては、商談の進度管理にも使えます。さらに次の準備や用意することでヌケモレ防止にも効果を発揮します。

3　PDCAを回そう

PDCAサイクルとは

CIPに沿って、いよいよ現場実践です。しかし、折角苦労してつくったよいことでも、なかなか現場で使われず、定着浸透しないことが多いですから、活用に向けてPDCAを徹底的に回していきましょう。

ＰＤＣＡを簡単に説明しますと、戦略をコントロールするには、計画(Plan)から実行(Do)に移し、点検（Check)を行い、是正（Action)する、そして、また計画（Plan)に落とし込むといったサイクルを取ります。これがＰＤＣＡサイクルといわれています。

４つのサイクルの要点

４つのサイクルの要点は、次のとおりです。

Plan―計画を立案し、それを実現するためのプロセスを策定します。そして、計画の達成度を測る定量的な指標を決定します。

Plan ができたら Do です。計画を実行するのです。活動がスタートしたら、適宜 Check を入れましょう。

途中、または終了時の測定結果を評価し、目標と比較し分析をします。計画との乖離率が出て来たり、達成できてない場合は、問題を把握して解決策を立案実行しましょう。

達成できている場合は、そのままよい状態が持続できるのか検討し、さらによい状態を維持する施策を立案してください。

そして、改善活動の Action へとつながります。目標の未達など、よくない状況のときには、継続的に改善の活動をしなければなりません。また、よい状態のときには、さらによくなるにはとの視点で改善活動をするのです。

ＰＤＣＡを回すポイント

ＰＤＣＡが回らないとの声をよく耳にしますので、ＰＤＣＡを回すポイントを紹介しましょう（図表22参照）。

① 計画をしっかりつくる

全社戦略＆TOP方針の理解、市場とわれわれを取り巻く環境認識や競合分析、自社の強み分析、中期計画との連動、ワクワクするような目的、具体的な目標（５Ｗ１Ｈ）は必須です。

② 戦略の理解と納得が大事

経営層とマネジジャー層の間で、戦略に対する理解と納得がしっかりできていないとメンバーに伝わりません。伝わらないと実行度が上がりません。

この3者間の理解と納得度が成果に大きな影響を与えます。まずは、自分自身で腑に落ちているか、そして、部下に心底理解させ、納得させているかがキーです。

③ 戦略の周知を徹底

そのために戦略の周知を徹底しましょう。ありとあらゆる機会を捉え、何度でも語り、思いを伝えるようにしてください。方法や手段は考えられるものはすべて駆使してください。

会議で言ったよね、メールしたからねで伝わっていますか。大きな節目では、キックオフを開催する。朝礼や夕礼で繰り返し伝える。勉強会や研修・合宿をする。ポスターを張る、手紙を書くなど、様々な手段を講じて繰り返し、行動に繋がるまで伝えましょう。

【図表 22　ＰＤＣＡを回すには】

① 計画をしっかりつくろう	全社戦略とTOP方針の理解と納得。市場とわれわれを取り巻く環境認識や競合分析、自社の強みの分析、中期計画との連動はもちろんのこと、ワクワク感がある計画になっているかがポイント。 具体的な目標と5W1Hは必須。
② 戦略の理解と納得が大事	経営層と現場のマネジメント間に存在する壁をなくすこと。徹底的に理解と納得するまで質問すること。 部下に心底理解させ、納得させられるか。 伝えたよ、言ったよねの伝言ゲームにならないように。
③ 戦略の周知徹底をせよ	会議で言ったから・・、メールしたから・・、で、本当に末端まで周知徹底していますか。 ありとあらゆる機会を捉え、何度でも語ることが大事。 ポスター・手紙・朝礼・夕礼・キックオフ・勉強会・研修・合宿等を通じて繰返し伝えること。
④ 目的を明確にせよ	何のためにやるのか！？　なぜそうなのか。 その背景と必然性をしっかりと伝えることです。
⑤ 協働の意欲を掻き立てよ	その目的を一緒にやるぞ！　という意欲を彷彿させることです。 ぜひともやりたいとメンバーが自主的に手を挙げて参加するようなチームをつくろう。 そうすると創意工夫し知恵を回す組織が出来る。
⑥ リーダーシップを発揮せよ	自らが先頭に立って率先すること。 いかに部下が楽しくワイガヤで動き出すかがKFSです。

④　何のために、なぜやるのかを語る

どうやるか（HOW）の前に、何のためにやるのか、WHATを語ってください。なぜそうするのか、WHYを伝えてください。そして、その背景と必然性を訴えてください。テクニカルな話も大切ですが、本質を語り伝えることが重要です。

⑤　協働の意欲を掻き立てる

そして一緒にやろうという協働の意欲を掻き立ててください。その意欲を彷彿させるのです。そのときは、インセンティブや報償などで釣るような行為は止めましょう。

真の理解と納得の上で、一丸となって創意工夫し、知恵を回すチームを目指しましょう。

⑥　リーダーシップの発揮

リーダーシップを発揮してください。自らが先頭に立って率先する気概を持つことは当然ですが、部下が自ら考え行動するコミュニケーションでリードするように心がけてください。いかに部下が楽しくワイガヤで動き出すかが成功のキーです。

最大のポイントとフェイズごとのポイント

ＰＤＣＡを回すには、最初のＰが最大のポイントです。スタートでの「ボタン」のかかり方ですべてが決まります。しっかりボタンがかかっていないと、失敗します。また「ボタン」がかかったとしても、いびつにかかっていたのでは、これまた失敗の道へ行くだけです。十分注意してください。

さらに、フェイズごとのポイントを考えて見ましょう。

Ｐの推進時のポイントは、自ら知恵を搾り、自ら考え、自ら創ることです。与えられた計画では、実現度は自ずと低くなります。自分たちが主体的に取り組み、計画を策定することが大事です。

次は、お客様視点を忘れないことです。上手く回すことばかりに気を取られてしまうと、お客様は振り向いてもくれません。

ぜひともワクワクする計画をつくってください。今回は何か違うなとメンバーが感じてくれて、より関心を持ち、注目してくれて、一緒にやりたくなるような仕掛けも考えてください。

Ｄの展開時のポイントは、できない理由を語らせずに、どうしたらできるかを語らせてください。できない理由を１００も２００も上げて語り続ける人がいます。どうしたらできるのか、CAN DO!の心構えで取り組むのです。

そして、アイデアや行動に対して褒めてあげてください。怒るのは簡単です。感情のまますればいいのですから。しかし、それでは人はついて来ませんし、育ちません。その人のよいところを探し、見つけて、プラスのストロークを出してあげてください。

Ｃの領域では、測定可能な目標値にしないといけません。目標は、後で達成したのかどうか測定できないような目標値はいけません。定量的に表せて、眼に見えるように測れるように設定ください。

一方、数字で表せない目標値はどうするかも考えておきましょう。評価の基準を事細かに決めておくことが大事です。

ＡでのポイントはI、小さな成功を早めに経験させることです。新しいことを実行するときには、成功を体験させることが大事です。しかも、早めに、「やればできる」と自信を持たせるために、小さな成功体験をさせてあげることです。そうすれば、自信とやる気が増し、実行度が高まります。

また、新しく何かをやろうとすると、必ずといっていいほど反対の声が上がります。なぜなら、人間は、「変わること」が怖いからです。できれば今のままのやり方でいきたい、変えると面倒だから大きく変えたくないと思うのが常です。さらにチェックが増える、報告が増える、やることが増えるとまたまたできない理由を上げてきますから、どのように対応するのかを予め決めておくことです。

さあやるぞとＰＤＣＡを回すときにも、このポイントは押さえておいてください。

4　常にリスクに備えよう

リスクマネジメント

何か新しいことを始めるときには、リスクマネジメントは必須です。

最近、様々なリスクが起きたときに「予想をはるかに超えていました」とか、「今まで経験したことがなかったので」との言い訳をよく耳にします。

リスクが起きてから対応策を考えればいいというスタンスでは、チャレンジも失敗に終わってしまうでしょう。

ＣＩＰを作成し、現場導入すると、様々な反応が出てきます。「作成した内容と現場が合致しないので使えない」「それぞれの会社によってプロセスが違う」「業種によってもバラバラで一括りにはできない」「担当者によっても違う」「このステップどおりに実施したら、商談が間違いなく進捗するのか」「これをやったら決まるのか」などの声が上がって来ます。

それらの意見は、しっかりと聴いて受け止めつつ、どのように対応するのか、いかに理解させ、活用し、浸透させていくのかの対応策を当初から考えておくことが必要です。

現場で新しいことをしようとすると、必ずといっていいほど抵抗が起きるものです。ですから、リスク対応戦略が成否を握っていると言っても過言ではありません。リスクとは、危険ということです。「危ない」と思えることをすべて抽出し、対応策を策定しておくことが必須です。

そのためには、リスクの発生確率と影響度を推測し、事業活動にどのように影響があるのかを考えておくことが必要です。

その手順は、次のとおりです。

① 発生する可能性のある脅威事項を書き出す。
② そのことが事業に対して与える重大なインパクトを記入する。
③ そのリスクの発生する確率を想定する。
④ それぞれの項目をマトリックスにマッピングする。

⑤　マッピングを見て、取り組む優先順位を決める。
⑥　各脅威に対する対応策を考える。

4つのリスク対応策

リスクの対応策は、回避、転嫁、軽減、受容の4つです。

回避とは、リスクから守るために、計画を変更することです。初めての取組みのときには、何が起きるか予想がつきません。自分でできると思ったが、専門家の助けがいるとか、当初計画の事業の規模や範囲を変更するとか、または資金を追加するとか、計画を変更することによって、そのリスクを回避する方法です。

転嫁とは、そのリスクの結果を第三者に移すことです。代表的なのが事故や万一のときのために保険に入っておくです。

軽減とは、リスクの発生確率を減らすようにすることです。地震の耐震実験や火災の延焼防止技術試験等です。リスクに早期に対応することにより、リスクが発生した後のコストより低コストとなり効果的となります。

受容とは、受け入れることです。他に適切な対応がないときには、受容するしかありません。しかし、一方でリスクは悪いことばかりではないのです。

リスクは、脅威としてだけでなく、チャンスとしても存在しますし、大いなる学習の場ともなります。それを乗り越えたら貴重な経験となり、知恵もつきます。逃げずにしっかりと向き合って、事前に計画を立てることが成功のキーです。

ＣＩＰを導入して、ＰＤＣＡを回しても、いつなんどき何が起きるかわかりません。営業現場からは、報告が増えるのではないか、管理がますます強まり自由度がなくなるのではないか、はたまた働き方改革に逆行するのではないかと、別の声も上がってくるでしょう。ですから、リスク対応策の策定は基本です。

個のチカラと組織のチカラをフルに発揮し、チームとして知恵を出して創意工夫していく、知の創造が大切なのです。そのためには、各人の頭の中にある知（暗黙知）を共有知（形式知）にしなければなりません。見えるようになっていることが必要なのです。

お客様関係性強化のＣＩＰは、あなたの会社の営業知であり、その可視化が関係性強化の第１歩なのです。単に、進度管理や、いつ頃決まるとか、今月の売上予測だけで使おうと思わず、頼られ選ばれる営業を目指して１歩踏み出しましょう。

５　リスクを評価しよう

発生確率・影響度マトリックスを作成しリスク評価

リスクが発生したときに、どのように対応するのか、いかに対応して処理するのかを決めておかねばなりません。

しかし、それが、どのくらいの影響があり、大きいとか、小さいとかの尺度をどのようにして決めるのでしょうか。プロジェクトマネジメントプロフェッショナル（PMP）では、発生確率・影響度マトリックスを作成し、評価をしています。

発生確率が非常に低い、低い、普通、高い、非常に高いの5段階で確立を予測します。

コストの例で考えてみると、普通が「20％のコスト増加」と仮設定しますと、高いは30％、非常に高いは50％のように区分します。

さらに、他の項目（商品の品質）を取り込み、マトリックスにしてマッピングをして作成し、優先順位をつけていきます。

この例では、縦軸にコストが高い低い、横軸に品質が高い低いとメジャメントを取り、マッピングします。そして、4つの象限の中で、コストも高く、品質も高い象限に入ったリスクが最優先のリスクとなりますから、真っ先に対策を立案して、取り組まねばならないのです。

自分の判断で、これはたいしたリスクではないとか、自分の経験から考えるとそう頻繁に起きることはないなど、「勘と経験」で大雑把に捉えている人が多く見受けられます。

「想定外」では済ませられない

想定できる限りのリスク項目を出して、しっかり評価し、的確な対策を取ることは、今やビジネスにおいては重要なことです。

リスクは、次の2つです。

1つは、マイナスのリスクへの対応戦略であり、もう1つは、プラスのリスクへの対応戦略です。

前章で、マイナスのリスク対応については記載しましたので、ここでは、プラスのリスクへの対応戦略の方法を考えてみましょう。

それは、活用、共有、強化、受容です。

活用とは、ピンチをチャンスにする発想です。そのリスクをチャンスとなるように対応を取ることです。また、このようなチャンスがまた来るように仕組みを考えることも大事です。

共有は、好機を第三者と組んでプラスにしてしまうことです。

経験者とかその道のプロとかと能力の高い人や持っている人と連携して、そのチャンスをものにすることです。

強化は、リスクの発生確率やプラスの影響が増大し最大になるように対応することです。それに影響を持つリスクの要因を特定し、取り除いておくこともいい効果に繋がります。

受容は、管理というと危ない危険なことに対しての対応策ばかりと考えがちですが、プラスのリスクもあるということを忘れずにいてください。

ピンチの中にチャンスありですから、しっかり対応すればすごい好機となるのです。

図表23は、リスク対応のマトリックス例です。

【図表 23　リスク対応のマトリックス例】

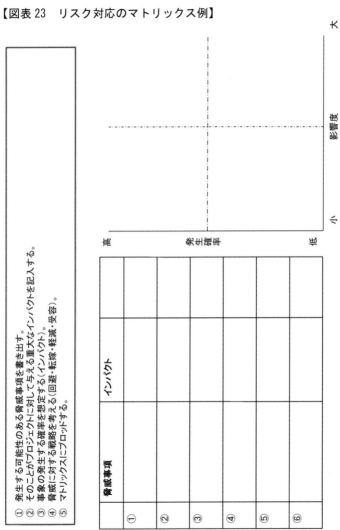

① 発生する可能性のある脅威事項を書き出す。
② そのことがプロジェクトに対して与える重大なインパクトを記入する。
③ 事象の発生する確率を想定する（インパクト）。
④ 脅威に対する戦略を考える（回避・転嫁・軽減・受容）。
⑤ マトリックスにプロッドする。

	脅威事項	インパクト	
①			
②			
③			
④			
⑤			
⑥			

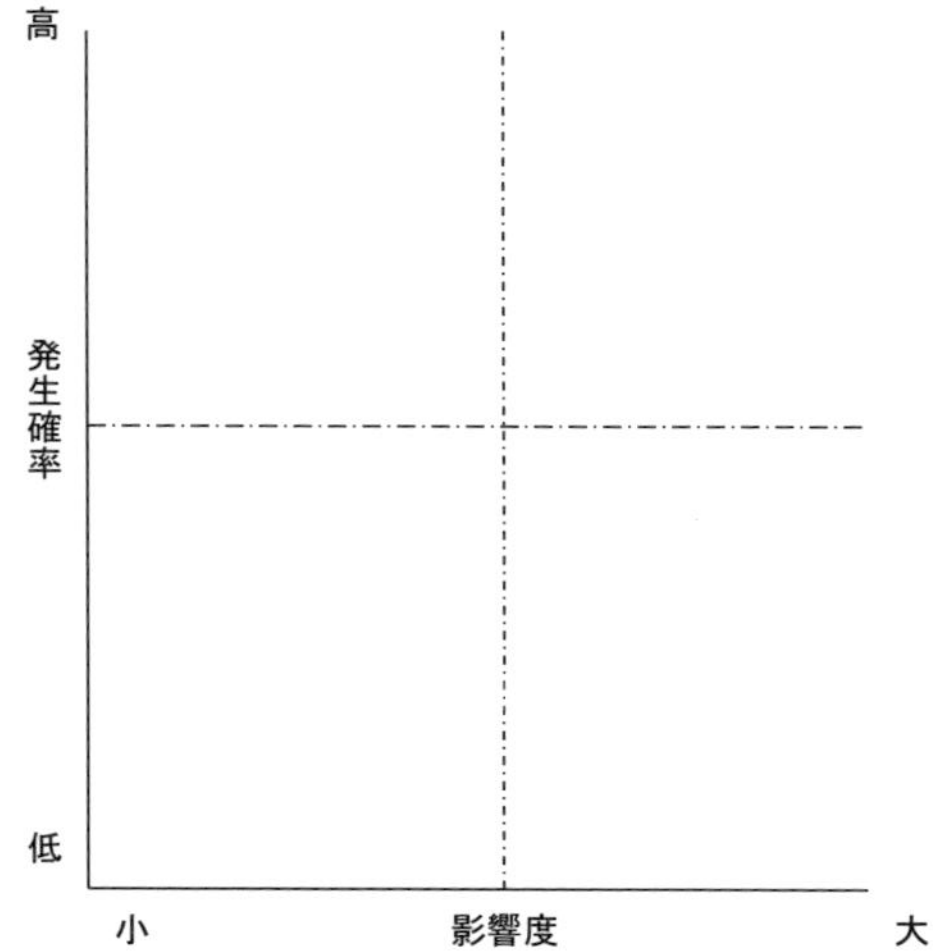

６　問題解決力をつけよう

問題解決の３つの基本スタンス

ビジネスは、問題解決の連続であり、その醍醐味は問題解決をしていくプロセスにあると思いませんか。また、人生も問題解決の連続ですから、あらゆる場面で必要不可欠の生きる力だと思います。問題解決の基本スタンスは、３つあるといわれています。

１つ目は、ポジティブ・メンタリティです。決して諦めない気持ちです。新しいことをやろうとすると、経験していない問題が起きてきます。取り組むスタンスを失っては、何事も解決しません。

２つ目は、ロジカル・シンキングです。これは論理的に考えるということです。もはや過去の経験上だけで対応し解決できることばかりではありません。また、単独で解決するよりチームで取り組むことが多いですから、他の人への納得性も大事になります。そのときの秘訣は、論理的にストーリーを組み立てて語り、心底納得させることです。

３つ目が、パラダイム・チェンジです。従来の枠組みからの脱却が必要です。過去に経験がないような問題も出てきますし、過去と同じような問題でも、ＩＴを使えばより簡単により早くしかも安く解決できることも多々あるでしょう。従来のフレームを壊す視点も大事なことと思います。ゼロベースで物事を考え、多分こうなるのではという仮説思考で、既存の枠を取り払うのです。

問題解決のプロセス

問題解決のプロセスは、次のとおりです。

① WHATから始めましょう。つまり、問題は何かを把握することです。

② そして、その問題がどこのあるのかWHEREです。

ここでは、チェックシートで何が何件発生しているのかを量（数）で見ることです。そして、量（数）が多い項目から、棒グラフで並べて表記します。それをパレート図といいます。2割〜3割の項目が7割〜8割を占めるというパレートの法則に沿って、何から手をつけたらよいのか、どこを解決したら一番効果があるのかが判別できます。

併せて、特性要因図（魚の骨の形に似ているので、フィッシュボーンといわれています）で、特性（解決すべき問題等）と、それに影響を与える様々な要因の関係を系統的・階層的に整理した図をつくると、発生原因を追及したりすることができます。

③ 次は、その問題の原因はなぜ（WHY）と分析することです。ここで大切なスタンスは、なぜを5回繰り返せと言われています。そうして解決すべき問題が明確に特定されたら、次に移ります。

④ どのように（HOW）解決していくのかを解決のロジックツリー図で分解していくのです。

⑤ そして、レビューを忘れずに実施してください。

ツールは、QCの7つ道具等々限定されていますから、習得して日頃から使うようにしていると自然と論理的思考も身につきます。

第6章　コミュニケーション力を強化しよう

1　コミュニケーションとは

コミュニケーションの特徴を押える

ここでのコミュニケーションの目的は、お客様のことを知るために、あるいは商談を円滑に進めるために、情報を収集したり、意見を交換したり、アイデアを出し合ったり、要望やニーズを聞き出したり、思いや気持ちをやり取りしたりして、問題解決に結びつけ、意思決定を促進し、購買に繋げ、相手の活動や行動に影響を与え、相互に満足する状態をつくるためと仮定します。

メラニアンの法則どおり、言葉だけでは通じない、言葉だけで通じるのは7％しかないことを肝に銘じておきましょう。

ですから、言語や文字、その他の視覚・聴覚に訴える方法を駆使することが求められていて、そのスキルの差がビジネスの成否にも大きな影響を与えるのですから、しっかり身につけましょう。

ビジネスにおけるコミュニケーションの特徴を押さえましょう。

昨今の特徴の第1は、多様性です。相手のバックグランドや職歴履歴等が多様化していることを認識しておきましょう。皆と違うイコール間違いではなく、それはその人の個性と捉えることがポイントです。

個人情報保護法やプライバシーの絡みもあり難しい環境ですが、趣味趣向や考え方まで知り得る関係性が理想かもしれません。

また、ステークホルダーの多様性にも気を配らねばなりません。まず利害がバラバラですから、要求事項が多岐にわたることが多く見られます。また、ベクトルも合わず、パワーバランスも図りにくい状況も散見されます。

一方、進捗が進むほどに、発生する新しい要望や期待、変化する要件を含めると、円滑なコミュニケーションを維持していく力をつけることがますます求められていると思います。

効果的なコミュニケーションをするには

効果的なコミュニケーションのためには、誰が、誰と、何のために、どのような情報を、どのようにして、いつ、どこで、コミュニケーションをするのかの計画が大事です。

プラッと出かけて、お客様の反応に合わせて、何気なく話題を合わせて、雑談して、商談が進捗しましたという話は、聞いたことがありません。

次の手順を参考にしてください。

① しっかりと、伝えるべき内容を事前に準備する（プレゼンの目的も決めておく）。
② メッセージを伝えるタイミングや状況（商談コーナー・応接室・会議室等）に十分配慮して決める。
③ 適切な伝え方を選ぶ（ドキュメント・ＰＣプレゼン等）。

④　相手がわかりやすいように表現する（相手の知識レベルや経験等を考慮して作成する）。
⑤　相手の気持ち、価値観や性格を考慮する（相手が求めていることにスポットを当てる）。
⑥　相手からのフィードバックを傾聴する（質問を喜んで受ける姿勢）。
⑦　内容が理解され、受け入れられたか確認する。

周到に準備して、プレゼンテーション資料の要素を押さえて準備してください。

まず、今回のプレゼンテーションの目的を明確にすることです。核心となる問題について、正しいデータや情報を集めていますか、そして、向かうべき結論に無理なく行きついていますか、その道筋に対する明確な根拠と主張を裏づける論理構成となっていますか、メッセージに対して熱意と思いがありコミットメントしていますかです。

あくまでも目的は、相手にこちらの考えや思いを伝え、相手の意思決定と行動に繋がるように促すことです。

ＣＩＰを活用すれば、「誰に何を伝えるのか」「いつ伝えるのか」「どのような内容が最適か」等々は可視化ができますが、伝える内容と伝える技術は日々磨いておくようにしてください。

内容がよくなければ、狙いどおり届きませんし、伝える技術がつたないとピントがぼけて映ります。さらに声が小さいとせっかくのよい内容でも届きません。

「届かないパットは入らない」ということになります。

効果的なプレゼンテーションのポイントは、次のとおりです。

・内容を理解し、訴えるポイントを熟知していること。
・それを表現するわかりやすく見やすい資料をつくり、的確に伝えること。
・伝える内容に関して情熱を持って伝えること。

2　商談を拡大するトークを身につけよう

商談中に困ったことは

お客様との商談の中で、次のような困ったことはありませんか。

・モノの性能や使い方を説明してもお客様はあまり興味を持ってくれない。
・既にお客様が細かい情報を調べていて説明するまでもない。
・他社製品との比較知識まで持っていて説明することもない。
・導入（購入）後のお客様のコストメリットを訴えても期待ほどの反応がない。
・何かお困り事はありませんかと聞くと、「もっと安くして」としか言われない。
・上司からはもっとお客様の問題点を聞いて来いと指示されるが、どのように聞けばよいのかわからない。
・本音を聞き出すこともできず、深堀りも出できず、お客様の都合のいいときに呼ばれる単なる業者扱いされている気がする。

あなたの営業トークは、商品や物の機能や性能の説明がほとんどではないでしょうか。既にお客様は、インターネット等で多くの情報を収集していますから、お客様が既に知っている情報を語っても、お客様に注目すらされず、時間の無駄と思われてしまうのです。

質問のチカラの差

業績のよい営業とそうでない営業の差の1つに、質問のチカラの差があります。

ソリューション営業に必要な力の1つは、質問力と言われています。なぜなら、お客様のお困り事や問題は、多種多様にわたり、抱えている課題も、複雑で複層化しています。しかも、お客様を取り巻く環境や競合の状況も各社それぞれによって違います。ですから、質問しないとわからないことが多いのです。質問することが大切なのです。聞いて、見て、触れて、サーベイする、そして課題を発掘することが大事なのです。

・あなたは、お客様の状況を事前にサーベイしていますか。
・あなたは、お客様の問題点を聞き出していますか。
・あなたは、お客様の課題を発掘していますか。
・あなたは、お客様の戦略的課題を共有できていますか。
・あなたは、お客様の目指す姿を共有していますか。

以上の質問に「はい」と答えられる営業トークを身につけましょう。

質問でB to B営業の商談を形成していくプロセスを学び、そのフェィズごとの質問のポイントを身につけてください。

質問の順番を押える

さらに、質問の順番を押えてください。既存の取引有のお客様で、商談をもっと大きくしたいと考えている場合を想定した事例で学んでください。

①　現状確認質問

現在の業務についての事実や状況の情報を集めるための質問です。

例えば、コピー機の例で事例を参考にしてください。

この機械は導入して何年経過していますか、リースですか（何年リースですか、リース会社はどこですか）、買取りですか（いくらで買いました）、メーカーは、購入した代理店は、保守点検はメーカー直ですか、代理店からですか、拠点はどこから来ていますか、アフターフォローの対応はいかがですか、クレーム時の営業対応はどうですか、本体価格は、コピー単価は、故障の頻度は、主にどのような書類をコピーしていますか、用紙のサイズは、FAX&スキャン&カラーなどの機能は使っていますか、満足していますか、不満な点はなんでしょうか等々、現状確認のための質問が中心です。

機械以外の、組織や人の関連することも質問しておかねばなりません。

決裁者や決裁ルートと期間。好意的な人とあまりよい顔をしないアンチ派の確認や、常に商談そのものを破壊する動きで出るデストロイヤーは誰で、その影響度はどのぐらいあるのかなどです。

ここで注意しなければならないことは、何度も同じ項目のことを聞かないようにすることです。また、担当変更のときに、同じことを繰り返し聞いてしまい、お客様に叱られたという経験もあるのではないでしょうか、

引継ぎもさることながら、B to B営業では、事前のお客様サーベイが商談の成否を握っていますから、お客様のことを5C分析などを通して、事前に知っておかねばなりません。事前のサーベイの差が質問の質の差に直結します。

② 問題把握質問

現在抱えている不満、お困り事、問題点などを聞きます。

例えば、故障が毎月発生し、業務が止まることがよくあると、その頻度や発生日（20日頃とか月末が多いとか）、ストップしている時間や時間帯（何時頃）、また故障時の応答時間はなど、顕在化している問題を確認する質問で、詳細にわたり事実を把握するようにしましょう。

ベテランの営業の方は、この領域の質問が多く、また商談に結びつけていますが、目に見えている（顕在化）問題解決ですから、お客様も営業も解決の手段や方法を既に知っている、または保有している領域のため、競合との差別化が難しく、自ずと価格の戦いに陥りやすくなる傾向が多いと思います。

では、さらに商談を大きくするにはどのようにしたらいいのでしょうか。

③　質問で潜在化しているお困り事や問題を顕在化する

1つは、「顕在化しているお客様の問題やお困り事をこのまま放置していくと、業務がストップしたりしてさらに影響が大きくなりませんか」と仮説を立てて質問をすることです。

例えば、20日頃に故障が多いと顕在化していることを把握したら、「20日前後は請求書発行の業務が集中するときではありませんか。もし、そのときにまた機械がストップすると、請求書発行が遅れたり、期日までに届かなったり、処理のために残業が発生したりして困りますよね。そうなると大変事態ですね」と質問を投げかけるのです。

今はまだ起きていないかもしれない事態、つまり潜在化していることに対して質問を投げかけて顕在化していくのです。

そうすると見えている問題だけでなく、潜在化している問題解決へと商談が変化していきますから、自ずと商談規模が大きくなるのです。

ここでの注意点は、あまり大げさに「それは放置していると大変な事態になりますよ！」と表現しないようにしましょう。強調し過ぎるとかえって、疑いを生むことになりかねないからです。

④　解決された姿を質問で確認する

商談の段階が進んでくると、「じゃ何かいい方法はあるの？」「どのような事例があるの？」等々、お客様が前のめりで聞いて来ます。ここですぐに、「はいわが社の製品は…」と売込みに入らないように注意してください。せっかく潜在化しているお客様の課題を把握したのですから、もっと商談を拡大して行くチャンスです。

見えている課題解決だけでなく、より本質的な解決に向けて、「このように解決できたらいかがでしょうか」「このような姿になったら、お客様が求めている理想の姿に近づきませんか」と、課題が解決した姿を質問で描き、共有していくのです。

そして、お客様とその姿が合意できるように、「このように解決されたらいかがでしょうか」と解決された姿を質問で確認するのです。

高業績の営業の方は、さらに、ここの質問で、付加価値をつけてその姿を質問しています。ここまで質問で深堀りができると、単なる機械の入替え、または1台増やすなどの小さな成果で終わるはずがありません。

従来の商談の枠を破り、ドキュメントの電子化や保管・流通の仕組み、請求書のRPA化などと商談の拡大連鎖へ繋がっていくのです。

この一連の営業トークは、すべて質問で行うということがポイントです。お客様も、質問されたら答えてくれます。その答えに、すぐに提案するのではなく、潜在化しているお困り事や問題を引き出し、顕在化させて、解決に導いていく営業トークを身につけましょう。

つまり、何を売るか！　ではなく、何を解決するのか？　です。

製品の特徴や性能を語るのではなく、どのような問題解決ができるかを質問で実現をしていくのです。そうすると商談規模も間違いなく大きくなります。

3　相手のタイプを見極めよう

スムーズなコミュニケーションを行うには、行動科学理論に基づく4つのコミュニケーションスタイルを学び、相手のタイプを意識したコミュニケーションをすることです。

ここでは、イメージしやすいように戦国武将に例えて4つのタイプの特徴を押えてください。

①　支配者型の信長タイプ

最大の特徴は、ああしろ、こうしろと指図され、コントロールされることを嫌います。状況は、すべて自分がコントロールしたいのです。このタイプの人は、行動的で、自分が思ったとおりに物事を進めることを好みます。プロセスよりも結果を重視します。また、リスクを恐れず、目標達成にアグレッシブに邁進します。支配的で、決断力と行動力があり、人の輪より仕事を優先します。自分は強く、他人は弱いと思っています。

一見怖そうですが、面倒見がよく親分肌、姉御肌です。人に弱みを見せない分だけ、本当は寂しい思いもしているかもしれません。

自分の弱味を隠すために、相手を攻める傾向に出ることがあります。優しい気持ちを態度に出すのが下手です。

中小企業の社長や起業家に多いと言われています。

まわりくどい話し方や気弱な態度の相手を嫌います。

また、話が長いと、「いいから結論から話してくれよ！」などと言われてしまいます。

接するときのコツは、見た目のアグレッシブな行動や勢いに惑わされないことです。

彼らは、決して恐い人ではありません。イライラさせないように、率直に結論から話すことです。

また、無駄なおしゃべりは控えましょう。下手な遠慮をしない。自信なさそうな素振りは見せない。

相手をコントロールしようとしない。物事を運ぶときにはスピーディーを心がけてください。

効果的な褒め方は、率直に短く、本当に感じたことをダイレクトに伝えましょう。

② 協調性を優先する支持型の家康タイプ

特徴は、人間関係を最優先に大事にします。「ぎすぎすした関係」は、最も避けたいものの1つで、とにかく「和」を構築するように気を使い行動します。相手の視点に立ってものを見るのが得意で、気配り上手です。すごく「いい人」なのです。

また、人を援助することを好み、協力関係を大事にします。周囲の人の気持ちに敏感で、気配りに長けています。その一方、自分自身の感情は抑えがちです。人から認めてもらいたいという欲求も強いのが特徴です。ビジネスよりも人や人間関係を優先します。

人と親密な人間関係を築くのが得意です。人の期待に応えたいという気持が強いため、「ノー」と言えず、自分の感情や気持を押える傾向があります。

嫌がること、苦手なことは、自分の努力や注いだ愛情に対して、評価や感謝の言葉などの愛情表現がないと非常に落胆します。また、すぐやれとか今すぐ決断をするようにと急がされることも嫌がります。なぜなら、それをすることによって、人と対立したり衝突したりすることを心配しているからです。

コミュニケーション上の特徴は、穏やかで暖かい印象。親切で人の話に深く耳を傾けてくれます。接するときのコツは、非常にデリケートですから、支配的で威嚇的な態度はダメです。言葉に出さないメッセージ、態度、そぶり、目線などを注視して、彼の行動に対しての感謝の気持や評価をマメに伝えてあげてください。

こちらの期待に応えようとして無理をし、自分の気持を押さえ込む傾向が強くありますから、時には「ノー」と言ってもよいんだよと言ってあげることも必要です。

「助かったよ」「ありがとう」と評価や感謝をまめに伝えてください。

③　陽気な行動タイプの秀吉型

このタイプの方は、注目されることがとにかく大好きです。いつも話の中心にいたく、周囲から最上級の表現で褒められたり、周囲から関心の目が向けられている状態を好みます。

アイデアマンで、次から次とオリジナルなアイデアが浮かんできます。自発的でエネルギッシュで好奇心も強く、楽しさこそ人生と思っています。しかし、飽きっぽいところがあり、1つのことに長く継続してかかわったり、維持していくのは苦手です。

嫌がること、苦手なことは、自分のアイデアを頭から否定されることや批判されることです。じっくり計画を立てて、1つのことをやり続けたり、こつこつ努力をすることやマニュアルに沿った仕事も得意ではありません。

コミュニケーション上の特徴は、自分はたくさん話しますが、人の話はあまり聞いてない。細かいことを気にしない、よくも悪くも気づかないというタイプです。話の流れが早過ぎて、相手はついていけないときもあるぐらいです。

接するコツは、まずは褒めてください。褒めまくるのです。どんな「ベタ」なほめ方でもOKと言われています。「すばらしい」「すごい」「ステキ」「君しかいない」は効果的です。

1度に多くのことに取り組もうとして、重要なポイントを忘れてしまうので、時々思い出させる必要があります。のびのびと自由な環境を与えると、実力を発揮してくれます。

④　分析し慎重に行動する光秀型

このタイプは、じっくり状況を観察し、データを集め、それからでないと行動を起こしません。常に慎重に構え、思いついたことを、パーッと話すようなことはせず、よく考えながらじっくりと言葉を出していきます。行動の前に多くの情報を集め、分析、計画を立てます。物事を客観的に捉えるのが得意で、完全主義的なところがあり、ミスも嫌います。専門家に多いタイプです。

特徴は、感情をあまり外に出しません。自分で納得しないと動きませんが、自分でやると決めたらねばり強く実行します。冷静、慎重、勉強家。洞察力が深く、孤独を気にせず、わが道を行きます。一見クールに見えますが、自分のこだわることには情熱的な面も持っています。

嫌がること、苦手なことは、自分のペースを崩されること。理由もなく褒められるのは大嫌いです。急激な変化や大きな変化は苦手です。

接するコツは、性急に決断させるなどして、ペースを崩さないことです。いきなり大きな変化を要求しないで、段階を経る必要があります。考える時間を十分に与え、意図をよく聴くようにしてあげてください。何かを頼むときは、必ず理論的な理由をつけ加え、背景等を含めて説明すると快く受けてくれます。

やたらに褒めてはいけません。根拠のハッキリしないことを「素晴らしいですね」「すごーい」「すてき」などと言われたら、相手を信用しなくなります。具体的に事実に基づいて褒めるようにしてください。

このタイプ分けを使ったコミュニケーションは、行動科学理論に基づいていますから、人とのコミュニケーションがよりよくなるだけでなく、相手が自発的に動いてくれるという効果も出て来ます。

つまり、あなたの質問で、相手が自ら動き出すということが期待できるのです。

お客様との関係性強化に繋がることは勿論ですが、組織におけるマネジャーや部下とのコミュニケーションや地域社会や家族間でも効果抜群です。ぜひ活用ください。

注意点は、この行動タイプの表出は、その時、その立場、役割やミッションによって変化することと理解しておいてください。

ですから、昨年とタイプが変わったということも起きます。

また、このタイプなのだから、このように接すればこのように反応するであろうと決めつけないことです。

つまり、レッテルを張って、決めつけないように注意ください。

あくまでも、このタイプ分けは、よりよいコミュニケーションを目指すためにするのであり、決めつけたり、相手をコントロールするための手法ではありません。

また、各タイプには、優劣はないことも押さえておいてください。どのタイプにも得意、不得意がありますし、組織や社会には、どのタイプも必要なのです。

タイプ分けを活用しようとすると、まず相手に関心を持つようになります。すなわち、モノを売る相手、買ってくれる相手ではなく、人として関心を持つことが、関係性構築の始まりではないかと思います。

タイプ別の特徴をまとめると図表24のようになります。

タイプ	質　問	褒め方	接し方	提　案	特徴
信長型	まわりくどいは×。 目的を明確にして 教えて/聞かせて。	素直に短く感じたまま 伝える。 褒め過ぎ大げさは×。	イライラさせない。 単刀直入に ～してほしい。	自信なさげは×。 複数案用意して選ばせる。 1つのみの提案は×。	一見恐そう。 決断力・行動力。 仕事優先・自分は強い。 語尾が断定的。 相手を攻る。
秀吉型	間口を広くして聴く。 アイデアを聞き出す。 否定しない。 好奇心強いから新しい 視点で質問する。	褒めまくる。 最高。 **No.1 ！** さすが！　素敵！。	君しかいない。 君だけだ。 任せるから自由 にやって。	アイデアマン。 オリジナリティ。 自由に任せる。 プロジェクト。	自己主張・注目されること。 話の中心・仕切り役。 身振り手振り。 擬音語、おしゃべり。 感情表現豊。
光秀型	具体的に聞く。 性急なる答えを求める×。 じっくり時間を与えて聞く。	やたらに褒めない。 理由なく褒められるのは嫌。 具体的・論理的に褒める。	相手のペースを 崩さない。 外見で判断される×。 筋を大切に。	思いつきの提案は×。 計画を立てるのが好きだから 論理的に提案する。	慎重派・じっくりタイプ。 観察・データー集める。 言葉を選ぶ。 感情を表さない。 クール。
家康型	決断を急がせるのは×。 あなたはどうしたいと 聞いてあげる。	評価感謝愛情がないと×。 私もうれしいよ。 皆喜ぶよ。 助かるよ。 ありがとう。	ノーと言えない。 表情をよく見る。 目線に注意する。	表情や態度などをよく見た上 で判断する。 対立・支配的は×。	俗に言ういい人。 和を構築する。 気配り・・穏やか。 ギスギスした関係は避けた い・デリケート。

4　相手が動き出す質問のチカラ

質問提案型のコミュニケーション

タイプ別コミュニケーションのノウハウを学びましたが、それぞれのタイプに対しての効果的なコミュニケーションは、質問をすることです。

それは、指示命令型のコミュニケーションから、質問提案型のコミュニケーションへとパラダイムシフトすることです。

指示命令型のコミュニケーションでは、相手は指示が来るまで待つというスタンスになりますから、常に受け身になり、自ら何かをしようなどと考えもしなくなります。ですから、失敗しても、言われたとおりやったのだから私は悪くないと、他責にする傾向が強くなり、自ら動き出すなど期待できません。やらされ感が多く、モチベーションも上がりません。

一方、質問提案型のコミュニケーションでは、「君はどうしたい?」「あなたならどうする?」と質問をします。すると、質問された相手は、答えようとして考えます。

その考えには、自分自身の意思や思いが込められていますから、自ら考えて、自ら行動する契機となるのです。

つまり、自主的かつ能動的になり、創造性も高く、様々なことに自分の意思で挑戦するようになりますので、たとえ失敗しても、自分で考え自分で行動した結果ですから、他責とせず、次の挑戦向かって動き出すのです。

ですから、「よし！　次は失敗しないようにしよう」とか、「もっとうまくやるには〇〇してみよう」と創意工夫し、知恵を回して、自主自立的行動へとつながっていくのです。

これからは、指示命令型から質問提案型へとコミュニケーションを変えていきましょう。何を語るのかでなく、何を聴くかで、相手の行動が大きく変わります。

では、質問の例を紹介します。

目標を明確にする質問の例

- あなたが目指す営業の姿は、どんな姿ですか？
- あなたが一番達成したいことは何ですか？
- あなたはどのような状態になったらいいと思っていますか？
- どのような状況になったら目標が達成できたと思いますか？
- あなたが仕事で大切にしていることは何ですか？
- 3年後にどのような姿になっていたいですか？
- 将来はどのような姿を描いていますか？
- お客様が今一番喜ぶことは何でしょう？

現状を把握する質問の例

・今一番困っていることは何ですか？
・中期的に見て今後の課題は何ですか？
・この問題の要因は何だと思いますか？
・そう思う根拠は何ですか？
・そう思うデータはありますか？
・その情報源はどこですか？
・改善すべきポイントを３つ挙げてください。
・何処が一番難しいと思いますか？
・どの順番でやるとよいと思いますか？
・以前から、このような状況でしたか？

リソースの発見と活用の質問

・そのことに対して、誰かから支援を受けられますか？
・その件について、誰かからアドバイスを貰うことはできますか？
・それについて、一番詳しいのは誰ですか？
・どんなスキルを持っている人が必要ですか？

- 解決するのに何かいいノウハウはありますか？
- システムや機器を使って解決できますか？
- 社内の事例で参考になることはありませんか？
- 他社の事例で学ぶところはありませんか？
- 社外の機関やノウハウで使えることはありませんか？
- コスト削減できることはないですか？
- 補助金などはありませんか？
- 一番都合がよい時期は、時間帯は？
- 最適の場所は？

選択に関する質問

- あなたは、いつもはどのような方法でやっていますか？
- 今までで一番上手くいった方法は？
- 新しいやり方はないですか？
- 競合はどんな方法でやっていますか？
- ベンチマーク先はどんな方法でやっていますか？
- コストが削減できる方法は？

・納期が短いのはどの方法ですか？
・最大の効果を上げられる方法は？
・それぞれの選択肢のメリットとデメリットを教えてください？
・さらによくするにはどうしたらいいと思いますか？
・組合せや順番を変えて考えてみるとどうなりますか？

意思を確認する質問

・まず何から始めようと考えていますか？
・計画はどのようになっていますか？
・いつから始めますか？
・最初にやることはどれですか？
・いつまでに終了しようと考えていますか？
・全体でどのぐらいの期間がかかると考えていますか？
・プライオリティを教えてください。
・進捗状況はいつどのように確認しようと思っていますか？
・必ずやり遂げると意思の確認をしましたか？
・自分ができることは何かありますか？

・あなたは何ができますか？
・やる気を持続するために何か考えていることは？
・メンバーのやる気を維持するにはどうしたらいいと思っていますか？
・やり遂げる意思の確認はどのようにされましたか？
・これが上手くいったらどんな気持ちになれますか？
・目標が達成できたらどんな風になっていると思いますか？
・目標が達成できたときの姿はどんな姿ですか？

相手を責める質問・言い訳を誘発する質問

質問の基本は、５Ｗ１Ｈです。「誰が」「いつ」「何を」「どこで」「なぜ」「どのように」は、しっかりと押えていきましょう。聴くことを自分がコントロールしていくことも大事です。

聴くことが目的ではなく、それは手段ですから、様々な項目を聞けばいいということではありません。相手の感情を観察して、コントロールしながら聴くことが大事です。

また、相手を責める質問と言い訳を誘発する質問は、禁じ手です。

相手を責める質問は、ネガティブな感情を生むだけです。

・何をやっているの？
・何を考えているの？

・何を言っているの？
・なぜそんなことしたの？
言い訳を誘発する質問は、やる気を失わせます。
・なぜ言われたとおりにしないの？
・どうしてそれを言わなかったの？
・どうしてそんなこと言うの？
・なぜいつも遅刻するの？
・なぜそんなこともできないの？
このような質問は、やる気をそぎ、非難と軽蔑のコミュニケーションに陥りますので、注意しましょう。

質問のチカラを最大に発揮するのは、何を話すのかではなく、何を聴くのかにスタンスを移すことです。質問されたら相手は答えないわけにはいけません。質問は、するほうもされるほうも考えないと応答できません。考えると、情報を収集したり、状況を把握したりして、思考力が強くなり、的確な質問ができるようになります。そうなると的に当たった答えが返ってきます。

このような関係になると、双方に関心が沸き、興味が出てきて、相手の立場が理解できますから、さらに効果的な質問となり、能動的に自分で考え、自ら行動するように変化していくのです。

質問のチカラを信じましょう。

第7章　マネジメントを考えよう

1　マネジメントとは何

マネジメントとは

個々人の能力と組織の力を最大限に発揮し、チームのチカラで成果を上げていくためには、マネジメントが不可欠です。マネジメントの目的は、組織やチームの目標を達成するために、ヒト・モノ・カネ・情報・時間などのリソースを効率・効果・最適に活用することです。

一番大事なことは、最適なやり方で、最大効果をスピード感を持って成し遂げることです。そのために不可欠な、マネジメントの基本を押えましょう。

第1に、再三語ってきましたが、上位方針を自分自身で理解し、納得していることです。

第2に、自分の担当市場やお客様をよく知ることです。先に学んだマーケティングやお客様を見る5Cの視点を忘れずに、市場やお客様の理解の上に立って、競合を含めた環境認識の上で、何を、いつ、どこで、誰が、どのように、どのぐらいするのかと具体的に行動計画を立てていくことが大事です。

第3に、質問が出やすい雰囲気をつくることです。質問は大歓迎とのスタンスを持ち続けてください。

メンバーから沢山質問が出て、それに対して自分自身の言葉で思いを込めて語ることです。それが十分にできていると、メンバーの行動やチームの結果が大きく変わります。

第4は、リソースの最大活用です。持っているリソースは限られています。その限られたリソースを最大活用して、目的を効率効果最適に成し遂げる人がマネジャーなのです。

マネジャーに求められる能力

では、マネジャーに求められる能力は、どのような能力なのでしょうか。

①　総合判断能力（コンセプチュアルスキル）

組織の問題の理解と状況を把握し、意思決定をし、戦略目的を達成する能力。

②　対人関係能力（ヒューマンスキル）

他人と共同し、他人を通して業務を遂行する能力と判断力。モチベーションとリーダーシップの理解が不可欠です。

③　業務遂行能力（テクニカルスキル）

特定業務遂行に必要な知識・技術。経験や教育を通して習得。

マネジャーの役割遂行には、この3つのスキルが必要と言われています。

ハーバード大学のロバート・カッツ教授は、エグゼクティブとミドルとロアーの階層別に、マネジャーの求められる能力は変化をするという「カッツ理論」を語っています。

エグゼクティブ層は、コンセプチュアルスキルが強く求められ、ミドル層では総合判断能力と対人関係能力と業務遂行能力のすべてが求められます。いわゆる中間管理職といわれる課長層は、部下と上司との関係性もさることながら、能力的にも求められることが最も多い層なのです。このようにステージに合わせて自己の能力開発を進めていくことが必要です。

自分自身がマネジメント職になったときに、「今までと何が違うの?」「何をしなければならないの?」などと疑問を持ったことと思います。

マネジャーの仕事は、一般的には、仕事の管理と改善、人間関係の構築と部下の育成の4つに分けられます。

仕事の管理とは、目標目的をしっかり理解して、その実現に向けて計画し、組織化し、指令を出してプロセスをコントロールし、メンバーと共にその達成に向けて行動し、何とかしてやり遂げることです。

仕事の改善は、日々起きる問題解決に取り組み、解決していくことはもちろんですが、その問題の根本の要因を突き止め、再発しないような仕組みをつくるとか、現在上手くいっていることでも、さらにもっと効果効率よくするにはとの視点で、常に改善活動をしていくことです。

人間関係の構築は、様々な人や組織とのコラボレーションやメンバーのモチベーションアップやよりよいコミュニケーションに基づくよりよい関係性の構築です。

そして、ますます比重が大きくなって来ているのが部下の育成です。部下の能力や現有のスキルをしっかり把握した上で、その部下の成長をどのように実現していくのか、部下の意思を大切にしつつ、能力を最大限活かして伸ばしていくことが強く求められています。

この４つの象限の事柄を遂行していく上でも、３つの能力を、積極的な自己学習も含めて意識して習得するようにしてください。

2　マネジメントが上手くいかないときに押える３つのポイント

３つのポイントでチェック

上位方針の理解も納得もした。自（エリア）部門の計画も立てた。メンバーにも明確に目標値を振り分け、しっかりと説明もしたのだけど、上手く行っていない。何が悪いのかよくわからない。結果として数字もよくない。どうしたらよいのであろうという経験はありませんか。

ここまで細かくマネジメントしているのに、チームもバラバラで、メンバーも疲れて来ている、やる気も低下してきている、何か手を打たなければならないと思ったときには、次の３つのポイントでチェックして見てください。

①　共通の目標があるか、それをあなた自身が本当に理解して、納得しているか、またそれをメンバーがあなたと同じように理解し、納得し、腑に落ちているか

相手が理解しました、納得しています、わかっていますというだけでは、伝えたよ、聞いていますよというだけで、実は伝わってないのは再三触れてきましたが、腑に落ちたら、行動に出るのです。行動変容が起きるのです。

行動変容に繋がっていないとしたら、それは聞いていただけで、理解も、納得も、まして腑に落ちる状態には至っていないのです。ですから、数字も何も変化が起きません。本当に理解、納得して行動していないのですから…。

腑に落ちていたら、自ら考え、自ら行動します。行動変容に繋がっていないということは、その地点に至っていないということなのです。まずはここをチェックして見てください。

多くの現場を見ていますと、伝えたつもり、伝わっていると思った、理解しているはず、納得していたよね！　と、曖昧なコミュニケーションになっていることが多いです。

② 次は、その目標を一緒に達成しようとする協働の意欲がチームの中にあるのか

もちろん、①が弱く、しっかりとできてないと、その意思も当然弱くなります。

①がしっかり浸透しできているのですが、この協働の意欲が弱い場合は、1人ひとりの力がバラバラに発揮されていて、チーム力に繋がっていません。なぜチームで仕事をするのでしょうか、なぜ組織で動くのでしょうか。組織のチカラが強くなると、成果が2倍、3倍になるだけでなく、1人ではできなかったことや、新しいことが生み出されるのです。

さらに、お客様の複雑多岐にわたる要望にも応えられ、お客様と共に成長できる環境へと変化していけるのです。よし、それ一緒にやろう！　という雰囲気がないと、工夫も知恵も回りません一緒にいても楽しくなければとてもチームとはいえません。

③ それらを実行していくため必要なコミュニケーションがあるか

「皆さんの組織の共通の目標はありますか」と聞くと、「あります！」とほとんどの方が答えますが、ではなぜその目標がなかなか達成できないのでしょうか。

コミュニケーションという側面から考えてみてください。マネジャーの皆様は、「目標は明確に与えております！」「しっかり説明も終えています」「理解しているはずです」「なぜそれをやらないのかよくわかりません」と言います。その壁は一体何なのでしょうか。

それは、コミュニケーションが欠落しているからではないでしょうか。しっかり伝わっているということは行動変容につながります。そうすると成果に変化が出ます。これを成果変容と言いますが、これが出て初めて伝わっていると思ってください。

成果変容に持っていく効果的なコミュニケーションは、やはり質問中心のコミュニケーションです。「君はどうしたい？」「君ならどのようにしようと考えている？」と質問をすることで、自発的行動へ繋げるのです。

このように部下の動機づけをして、モチベーションを上げ、チャレンジしていくように促すのがマネジャーの役割です。

すべての数字を自分1人で何とかつくり、毎日毎月汗だくで孤軍奮闘しているのが目指すべき姿ではありません。このような状態が続くと、目先だけの目標とのみ戦うこととなり、あなたもメンバーも成長できません。

よりよいコミュニケーションを常に心がけてください。

3つのポイントのチェックを忘れず、チームが上手くいっていないなと思ったときに、実施してみてください。

3　マネジメントの心構え

マネジメントの基本

①　理念と原理原則を大切に。
②　論理的スキルを身につけよう。
③　創造的アプローチを心がけよう。
④　常に成果を追求しよう。
⑤　効果効率を追求しよう。
⑥　人間尊重。

「今さら言われなくても」と思われる項目が並んでいますが、日々の業務に追われると忘れられてしまいそうになりますのでしっかり押えておいてください。

①　理念と原理原則を大切に

理念とは、経営にとって根本となる考え方です。創業者の思いや、なぜこの事業を始めたのかという根底的な内容や、仕事に行き詰ったときに戻る原点のような位置づけです。原理原則とは、読んで字の如し、基本的な決まりや規則のことです。共に揺らいではいけない「軸」なのです。

同様の言葉で、わが社の大切にすることとか、わが社の基本的考え方とかが見られますが、どこまで浸透しているのかと社員に聞くと、「ああ…、あれですね。何か壁に飾ってありますね」と言うレベルの会社がなんと多いことか。

もったいないと同時に、よい伝統も歴史も生かされてない状況は、大きな損失だと思います。また、歴史の新しい会社こそ、「軸」となる原理原則を決めるべきです。

マネジャーとして、社員としても、判断に悩んだときに戻るところがここなのです。何か起きたときに、あなたは何をもって判断基準としていますか、このようなときこそぶれない「軸」を持っていなければいけません。それを簡潔な言葉にして表し、社員含めてわが社の「軸」として形式知化しておくことは必要不可欠です。

②　論理的スキルを身につけよう

勘と経験と度胸(KKD)ももちろん大事ですし、否定する気はありませんが、往々にして多くのトップ営業や経営者が語る「私の経験では」「勘では」というのが、物事をいつも危くしていることも事実でしょう。

的確に説明し、相手が納得するためには論理的スキルが必要です。

③ 創造的アプローチを心がけよう

基本的スタンスとして、ゼロベース思考で考えることです。従来の枠の中で解決しようと思っても解決できないような問題の連続に対して、常にポジティブに考える、過去に遡るばかりでなく、未来に向かって「じゃどうしたらできる!」と、Can Do! の精神で取り組むスタンスを持ちましょう。そして、「もし、このようにしたら」「もしかして」と、仮説思考を持ちましょう。そうすれば、創造性のタマゴを孵化させることに繋がると思います。

様々な分野や領域に興味を持ち、沢山のアンテナを立て、情報を収集しておかないと、創造的には程遠い状況になりますので、日頃から心がけてください。

④ 常に成果を追求しよう

ドラッカーが言った「マネジャーとは成果を出せる人」を肝に銘じましょう。

⑤ 効果効率を追求しよう

常にこのスタンスを堅持しましょう。

⑥ 人間尊重

大前提で当たり前のことですが、時々「おや?」と感じるときもあります。

例えば、部下を「兵隊」という人（兵隊は代替が効くので、変わりは沢山いるから的な発想で人を扱う人）、あいつらという人（亜奴が変化した言い方で軽蔑の意味合いがあります）、さらに俺の部下は「馬鹿ばっかしだから」と平気で言っている人。全く情けないと思います。このような人に、「人を動かす」ことができるのでしょうか。

様々な状況や文化や精神のあり方や、マイノリティやマジョリティも互いに受け入れ、違いを否定せず、受容していく多様性の中で、新しい技術や革新が生み出されて来ています。

基本中の基本を忘れることなく心に刻んでおいてください。

人を大切に！

4　マネジメントの禁じ手

マネジメントとして、曖昧にしていてはいけないことを押えておきましょう。

広く知れ渡っている代表的な「原則」ですが、わかっていてもできてないのが現状でしょう。

次の４つのポイントで考えてみてください。

⑴　指示命令系統がばらばらではマネジメントは上手くいきません

指示が複数から出てくる、または直属上司を飛び越えてより上位者から日常的に指示が来るような組織では、メンバーが混乱してしまいます。

このようなとき、あなたならどうしますか。①直属上司の命令に従う、②より力の強い上司の命令に従う、③自分自身が日頃から可愛がってくれている上司に従う、さあどうでしょうか？　難しいですよね。

つい後々のことを考えて、とりあえず（他のことは差し置いてまず第1にというのがこの言葉の意味ですが、現場で使う「とりあえず」は、大抵あとで実行しないことが多いから気をつけて使いましょう）座りのいいその場しのぎに終始してしまうのが現実ではないでしょうか。

ここでの対策は、コミュニケーション計画を策定し、しっかりとホウ・レン・ソウのルートを事前に決めておくことです。

(2) 業務の範囲が不明確なことはありませんか

仕事は、線が引かれてそうで引かれていません。さらに業務は、チームで遂行しますから、線引きは難しくなります。明確に引かれていたとしても、情況の変化や突発的事態が起きたりすると、変更せざるを得ないことが多々起こります。

しかし、個人の業務範囲とチームでの範囲カバーの体制など含めて明確にすることは必要です。不明確のままでは、トラブルだけでなく、モチベーションの低下に繋がりますので、明確にしておくべきです。

⑶　目標の配分は合理的にしていますか

②の業務範囲にも影響されますが、期待を具体的に可視化して期待値として与えることが必要です。しかも、期初にすり合わせをし、面談をして、相手の合意を得ながら配分することが求められています。

「君に期待しているのだから！」「他に頼める人がいないのだから！」と、感情に訴えて来ることもあると思います。期待されることはうれしいことですが、その場の雰囲気に流されないように注意しましょう。

⑷　エンパワーメントされていますか

現場での権限を明確にして、かつ任されていますか（任せていますか）。明確に権限委譲されている組織は少ないのではないでしょうか。

「権限はないが予算だけは沢山ある」というような状況は、よい状態ではありません。目標遂行にかかわる権限をしっかりと要求しましょう。

5　マネジメントの機能を回そう

マネジメント機能を回すには、プランニング（計画）、オーガナイジング（組織化）、ディレクティング（指令）、コントローリング（統制）、そしてコーディネーティング（調整）の5つの機能をしっかり回すことです。

①　プランニング（計画）

最初は、プランニングです。目標が決まったら、まず計画を立てましょう。そのときに市場分析や競合分析を含めて担当市場の状況把握はもちろんですが、部下のパワー分析や強みを生かして計画に反映させるようにしましょう。

計画を立てるということは、これからのとるべき行動のコースを決めることですから、目標達成に向けて最適最良に到達できるような行動計画を決めてください。

計画のない人、実行なし！　です。

②　オーガナイジング（組織化）

組織化とは、その計画を遂行するのに必要なリソース（ヒト・モノ・カネ・情報等）の最適配置をして、計画達成に向けた陣容をつくることです。

まずは、業務を把握することです。種類や内容、それに対する経験や熟練度、そして難易度、必要な知識・スキル、そして重要度と緊急度を把握してください。

次に、メンバーの能力やスキルの把握です。その仕事や業務への、知識レベルや業務のスキル・

経験・習熟度の把握はもちろんですが、健康の状態や仕事への意欲や姿勢、そして行動特性を把握して配置しなければなりません。

部下が積極的に意欲を持ってその目標に取り組み、自らが創意工夫して達成するような動機づけを心がけ、人と仕事を最適に結びつけることが大切です。

ポイントは、個々の能力をフルに発揮でき、チーム力としても発揮できる観点で割り振ることです。また、明日に向けて部下の能力向上や成長に繋がることも考えましょう。

③　ディレクティング（指令）

ディレクティングとは、一方通行の指示命令で強制的にやらせることではありません。業務の目的を理解させ、目標を納得させ、自らが行動へとつなげる動機づけと理解して取り組んでください。

マネジャーという肩書きや権力で人を動かすのではなく、部下の自発的行動を促進する、つまり各人の意欲を引き出し、喚起させるようにディレクティングすることが必要です。

④　コントローリング（統制）

次に、行動に移ります。行動の途中のマイルストーンを決めて進捗をチェックし、計画どおりに行っているのかどうなのか、何をやろうとして何ができて、何ができなかったのか、ではどうする！とコントロールしていきましょう。

⑤　コーディネーティング（調整）

そして、このプロセス全体のコーディネートをする能力も求められています。

求められているコーディネート力は、従来の「まあまあとにかく上手くやってよ」に代表されるような、妥協的調整ではなく、双方が成長するような形での調整が求められています。

従来の予定調和の中で、「両方の顔が立つ」ように調整することが調整力があるということではありません。異なる利害や意見の対立を発展的に統一し、新しいやり方や方法へと発展させていくようなマネジメントが求められているのです。

強制（権力や肩書きにより、相手を制圧する仕方）や妥協（双方の中間を取るとかという安易なやり方）ではなく、統合による調整（より高い視点で目的達成に向けて無駄なく効率よく納得度が高く、より価値が高くなるような調整）が求められるのです。

調整とは、妥協や安易な着地点の探求ではなく　新しい道を発見する創造的働きであるという言葉もあります。

そのときの留意点は、目的を忘れないことです。そして、より高い着地を意識し、双方の意見や要求を十分検討評価してください。

望ましいコントロールは、自己コントロールです。

マネジャーがメンバーをコントロールする前に、メンバー自らが、自分の仕事の進捗度合いや結果を測定し、評価することによって、ズレ（差異）を修正する対策を打ち、期待どおりの成果を出すことが望ましいのです。

コントロールが強過ぎると、メンバーの主体性が育ちません。また、メンバーの自発性が十分でないとセルフコントロールを拡げても混乱するだけですから、メンバーの能力把握は大事なのです。

6　マネジメントの歴史を振り返る

マネジャーの役割や期待されていることが、変化してきています。そのことの確認のために、マネジメントの歴史を振り返ってみましょう。

中世から19世紀のマネジメント

中世から19世紀のマネジメントは、強制となりゆきのマネジメントと言われています。この時期には、今で言うマネジメントの概念はなかったと言ってもいいと思います。

中世の農業の例ですが、管理する側とされる側が、専制君主と農奴という関係ですから、管理のキーワードはただ一言「強制」でした。世界史で学んだ数々の革命は、この構造に対する反逆と言ってもいいでしょう。

１８００年代に入ると、商工業の発達や産業革命を経て、賃金制度が生まれました。この制度に、この時期のマネジメントの考え方がうかがえます。つまり、「労働者が費やした時間の量によって計算する」いわゆる日給制の導入です。

この制度は、「一生懸命やっても得にはならない、損をする」という風土を助長するものでした。労働時間（長い）を、お金（安い）で統制するやり方です。当時の列強国が植民地を持とうとしたのも、より長い時間と安い労働力を求めてのことであったのでしょう。

20世紀前半のマネジメント

20世紀前半のマネジメントは、科学的管理の時代に入ります。

1880年代から、特にアメリカで激化してきた労働運動に対処するために求められたのが、労働力を合理的に統制するための制度です。

この求めに応ずるように現れたのが、賃金制度の改善を初めとする労働者の作業全体を管理する能率推進や科学的管理の流れです。

この流れの中心的推進者で、科学的管理の基礎原理を追求し、提供したのが、フレデリック・テイラー（アメリカの技術者で科学的管理法の発案者）です。テイラーは、管理の中心を「課業の設定と、その遂行」に置き、そのための管理技法として「時間分析」「職能別職長制度」「出来高給制度」などを生み出しました。

これらの手法は、現在のIE(Industrial Engineering＝生産技術、管理工学）に継承される形で生き続けており、テイラーイズムあるいはテイラーシステムと呼ばれています。そのほかの科学的管理法として、Ｆ・Ｂ・ギルブレス（アメリカの動作研究の父と言われている）の「動作研究」などがあります。

これらを集大成した自動車生産の〝フォードシステム〟が有名です。

この時期に生み出された科学的管理法の最大の欠点は、合理性を追求するあまり人間性を軽視する傾向が強かったことと言われています。

20世紀中頃以降のマネジメント

20世紀中頃からは、現代のマネジメントの基礎となった人間関係論・行動科学論へと移行してきています。

合理性から人間性へとマネジメントの関心が移ったのは、エルトン・メイヨー教授（オーストラリア生まれ。ハーバード・ビジネス・スクール教授）のホーソン実験がきっかけです。シカゴのウェスタン・エレクトリック社のホーソン工場で行われた「労働環境改善と生産性向上との相関性」についての実験です。

当初、疲労の少ない照明度をつきとめれば、作業効率を最大にできるという仮説を証明しようとしたのでしたが、それ自体は失敗に終わり、かわって「人間心理の法則」を得る結果となりました。

ホーソン実験から、「人間の行動を規定するのは、金銭や物理的作業条件の他に、人間関係が大きく作用する」ということが明らかになりました。

これを契機に、合理性と能率追求に傾斜していたマネジメント技法は、「作業者の心理的環境が作業能率に与える影響」の追求へと変わり、アメリカの産業界にHuman Relation（人間関係論）ブームがまき起こりました。

ただし、それは、「快適な作業環境の提言」に終わってしまい、人間関係に重点が置かれるあまり、結果的に生産性を疎外することになってしまいました。

そこで、台頭してきたのが、人間を科学的に研究する「行動科学」と呼ばれる心理学的なアプローチです。

行動特性に基づくタイプ別特徴に合わせたコミュニケーションもこの流れの1つです。

現代のマネジメントが目指す方向

現代のマネジメントが目指している方向は、どのようなものでしょうか。それは、物理的能率偏重主義でも、中途半端なヒューマニズムでもなく、P・Fドラッカーが言うところの「統合のマネジメント」なのかもしれません。

仕事の側面（仕事の方向づけ）と人間の側面（人の動機づけ）とを合わせて両立させようとする方向で、業績も上がるし、働く人間も満足する組織づくりということです。

難しいのは、環境は常に変化していますので、仕事の方向づけと、人の動機づけを関連させてシナジー効果を生み出そうという場合には、常に正しい方向を向いているかどうか確認しなければばいけません。

マネジャーは、様々な要素が効果的に機能しているかどうかを常に振り返って見て、よりよい方向を模索し続けることが求められているのです。

7　モチベーション理論について

モチベーション理論の裏づけとなる理論的知識を学んでおくことも大事です。

X理論とY理論

代表的なモチベーション理論のX理論とY理論について学びましょう。

米国の行動科学者ダグラス・マクレガーの動機づけ理論です。

X理論とは、人間は本来怠け者であり、強制されたり命令されたりしないと仕事をさぼるという考えに立ち、命令や強制で管理しなければいけない。目標が達成できなければ懲罰を与えるという手法を使うべきであると言う考え方です。

一方、Y理論とは、人間は仕事が嫌いということではない。条件次第では責任を引き受けるし、自ら進んで責任を取ろうとするので、この条件が仕事への動機づけの要因となると言う考え方です。

その条件とは、魅力ある目標と責任と自由裁量を与えることです。

労働者の自主性を尊重する経営手法で、労働者が高次元欲求を持っている場合、とても有効です。

目標による管理は、このY理論の理念に基づいた新しい管理の考え方です。

企業目標と従業員個々の目標が、はっきりとした形で調整できれば、企業はもっと効率的に目標を達成できるはずですし、従業員は絶えず自分の能力・知識・技術・手段を高め、かつ実地に活かして企業の成長に尽くすようになると言っています。

ハーツバーグの動機づけ理論

動機づけ衛生理論は、米国のウエスタン・ラザーブ大学の心理学者、フレデリック・ハーツバーグが1966年に提唱した、人のモチベーション要因にかかわる理論であり、「2要因理論」とも呼ばれています。

人は、仕事をするとき、何に対してやる気を見せるのか、あるいはやる気を見せないのかを分析しました。

やる気を引き出す要因を「促進要因」、あってもやる気を引き出せないが、なければやる気が阻害される要因を「衛生要因」と言っています。

①　促進要因（動機づけ要因）

促進要因とは、モチベーションを形成する要因としては参画・没入・承認・達成・仕事への責任など、自己の成長や個性化、自己実現を望む欲求が上げられます。

② 不満要因（衛生要因）

不満要因とは、賃金・労働条件・労働環境・福利厚生・コミュニケーションなど職場における環境要因を指します。これらの要因は不満の矛先にはなりますが、仮にその不満を満たしても、決して仕事に対する満足に結びつく要因とはなりません。単に不満な状況に陥ることを防ぐ要因であるということから、「衛生要因」と言われています。

モチベーション形成に当たって上司は、部下に責任ある仕事を与え、推進過程における部下の努力を認め、サポートすることで、部下への関心を示し、モチベーションの持続を図り、業務目標達時には成長を認めることで、部下の達成感と仕事の満足度を高めるという一連の取組みがポイントになるのです。

マネジャーは、常にキャパシティを広げ、見る眼を養い、動機づけの考え方を知り、対人関係を磨き、相手を十分理解することが必要です。

次のポイントを押さえてマネジメントください。

(1) 達成感（やりがいのある仕事を通して達成感を味わえる）
(2) 承認・称賛（達成した結果を、上司や同僚仲間に認められる）
(3) 仕事そのもの（仕事の中で自分の知識や経験が活かされる）
(4) 責任（信じて任される）
(5) 自己の成長（仕事を通して自己の能力向上や人間的成長ができる）

エンゲージメントマインドを考えてみよう

モチベーションを維持するヒントとしてエンゲージメントマインドを考えてみましょう。会社や組織に対する、「愛着心」や「思入れ」のことですが、慶應義塾大学の花田光世名誉教授は、「仕事が大好きで熱中すると時間を忘れてしまうマインドで、今の時代は流行らないが、仕事を通して1人ひとりが成長し、組織が大きく変化し革新するにはなくてはならないマインドである」とし、「仕事を通して自分が大切に思っていることを少しでも実践したり、工夫して、自分らしさを発揮し、役に立ち、必要とされることが自分の成長にもつながるという価値観から成立している」と、ワークライフインティグレーション=自分の生き方と仕事のあり方の統合を語っています。

「それぞれの人が、それぞれの価値観を持って生活し、仕事もしていますから、どのような局面にあっても成長し、生き抜き、自分のキャリアを構築し続けることのできる力の発揮が重要となります」(このことをキャリアコンピタンシーと言う)。「私たちは、スキルをベースとしたプロフェッショナルとしての発揮と、キャリアコンピタンシーをベースとした生き抜く力の発揮、その両方のバランスを取ってライフキャリアを設計していくことが大事であり」「先ずはやってみることです。やってみてうまくいかなければ、後から修正すればいい。何もせずに無理だとか、できないとか言うのは逃げでしかない」と、自らの環境を自らでつくり出す能動性が必要であると強調されています。

第8章　常に話材を持とう

1　人生100年時代を考えよう

急速な高齢化の課題

「人生100年時代が到来しました」も聞きなれた言葉になりました。

厚労省によると、100歳以上の方は、2019年度で7万1274人となっています。平均寿命は、男子で81・25歳（世界で3位）、女子で87・32歳（世界で2位）です。65歳以上の高齢者人口は3588万人で、総人口に占める割合は28・4％となり、若者約3人で高齢者1人を支える「騎馬戦型社会」となっています。さらに、2065年には、肩車型社会と言われ、1人で1人を支える社会になると予測されています。

しかも、1人ひとりの高齢者は、「重たい」状態へと変化してきます。75歳を超えると、74歳以下の5倍の医療費がかかるというデータもあります。

一方、総人口は、2105年には4500万人に減少するとの予測が出ています。高齢者の就業率は、男性で33・2％、女性で17・4％と7年連続で増加しています。しかし、労働力人口（生産年齢人口）は、2060年にはピーク時の半分になると予測されています。

そこで、国としても、定年の延長や年金の支払を70歳からと方向性を打ち出してきています。

開催が1年延期となりましたが、東京オリンピックが終った後の2024年には団塊の世代が75

歳以上になりますし、国民の3人に1人が65歳以上、6人に1人が75歳以上となる現実が目前に迫っています。

急速な高齢化は、社会に対する影響度は極めて大きく、様々な問題を引き起こします。重度の患者や要介護の激増が予測され、大都市圏では医療機関や介護施設不足が言われています。当然、医療費や社会保障費も膨張しますので、予算的な問題も懸念されています。

1人暮らしが増えたり（2025年には世帯主が65歳以上が2015万世帯、内75歳以上が1187万世帯でその70％が1人暮らしという予測も出ています）、空き家の問題も避けては通れません。

国土交通省の国土のグランドデザインでは、2030年、地方から消えるモノの予測を出しています。サービス施設の立地する確率は、生活圏が500人規模なら食料品の小売店や郵便局も存在しますが、介護施設は4500人なら存在確率は80％、5000人なら50％。銀行は9500人なら80％、6500人で撤退へとなっていくと予想されています。

2040年には、百貨店、大学、有料老人ホーム、救急病院、ハンバーガー店も同様の状況となるのではないかといわれています。

一方、金融庁は、年金だけでは老後の資金を賄えず、95歳まで生きるには夫婦で2，000万円の蓄えが必要になると試算し、衝撃を与えました。現役期とリタイア前後、高齢期といった人生の段階別に資産運用、管理の心構えをすべきと急に言われてもというのが本音のところかと思います。

なお、2,000万円不足の資産は、男性が65歳以上、女性が60歳以上の夫婦のみの世帯では、公的年金を中心とする収入約21万円に対し支出は約26万円となり、月5万円の赤字になると試算。これから20年生きるなら1,200万円、30年なら1,800万円が不足になるとの計算です。少子高齢化による公的年金制度の限界を政府自ら認め、国民の自助努力を求めた形です。

100年人生の準備は

このような環境変化の中で、自分自身の100年人生を考えていかねばなりません。60歳定年の時代は終わりを告げています。これまでは、就職までの学生時代、就職して定年までのサラリーマン時代、そして再雇用や悠々自適含めての定年後時代の3段階に分けられましたが、これからは、早い年齢での転職や起業等の選択肢が多岐にわたってきています。さらに、労働人口の減少や社会保障費の膨張対策としての年金支給時期を遅らせたり、定年の延長や再雇用の促進が予想されています。

そのような中で、どのような100年人生を送るのか、送りたいのか。そのために必要なことは何なのでしょうか、どのような準備が必要なのかを考えておくべきと思います。

① 自分自身の目指すことを明確にしましょう。何をやりたいのか、なぜそれをしたいのか、どのようなことなのかを描きましょう。

② その目指す姿の背景や根拠を考えてみましょう。今までの人生を振り返り、目指したい姿を思

いつつ、この間の経験や身につけてきたスキルなどが生かされるのか、この間考えてきたことや思ったことを整理するのです。

③　どのように達成していくのかです。達成までの計画を立てて、道筋（戦略）を考え、行動計画をつくりましょう。

④　ここで考えなければならないのが、阻害要因です。新しいことをしようとすると必ずといっていいほど、阻害する項目が出てきます。リスクマネジメントと同様に、想定される阻害要因をすべて書き出し、対策を考えておくことです。

⑤　最後にそれを乗り越える作戦を立てておきましょう。

サラリーマン人生は、いつか終わりを迎えます。いつ終わり、いつ再スタートを切るのかは、自分が決めることです。そのためにも自分自身の棚卸と強みと弱みを認識しておくことが大事です。

私自身が現役時代に描いた将来のライフプランでは、「将来、独立して教育研修会社を立ち上げると」書いていました。そして、そのとおり実現をして今に至っています。思えば叶う、そのものです（独立起業のノウハウを記した「アラフィフ世代に贈る起業術」セルバ出版刊もお読みください）。

1度きりの自分の人生を、組織に翻弄される日々で過ごすのではなく、悔いなき人生を選択するにも準備が必要です。夢実現に向かって夢実現シートを作成しましょう（図表25参照。「40代からのライフシフト」徳岡晃一郎著・東洋経済新報社刊も参考にしてください）。

【図表25　夢実現シート】

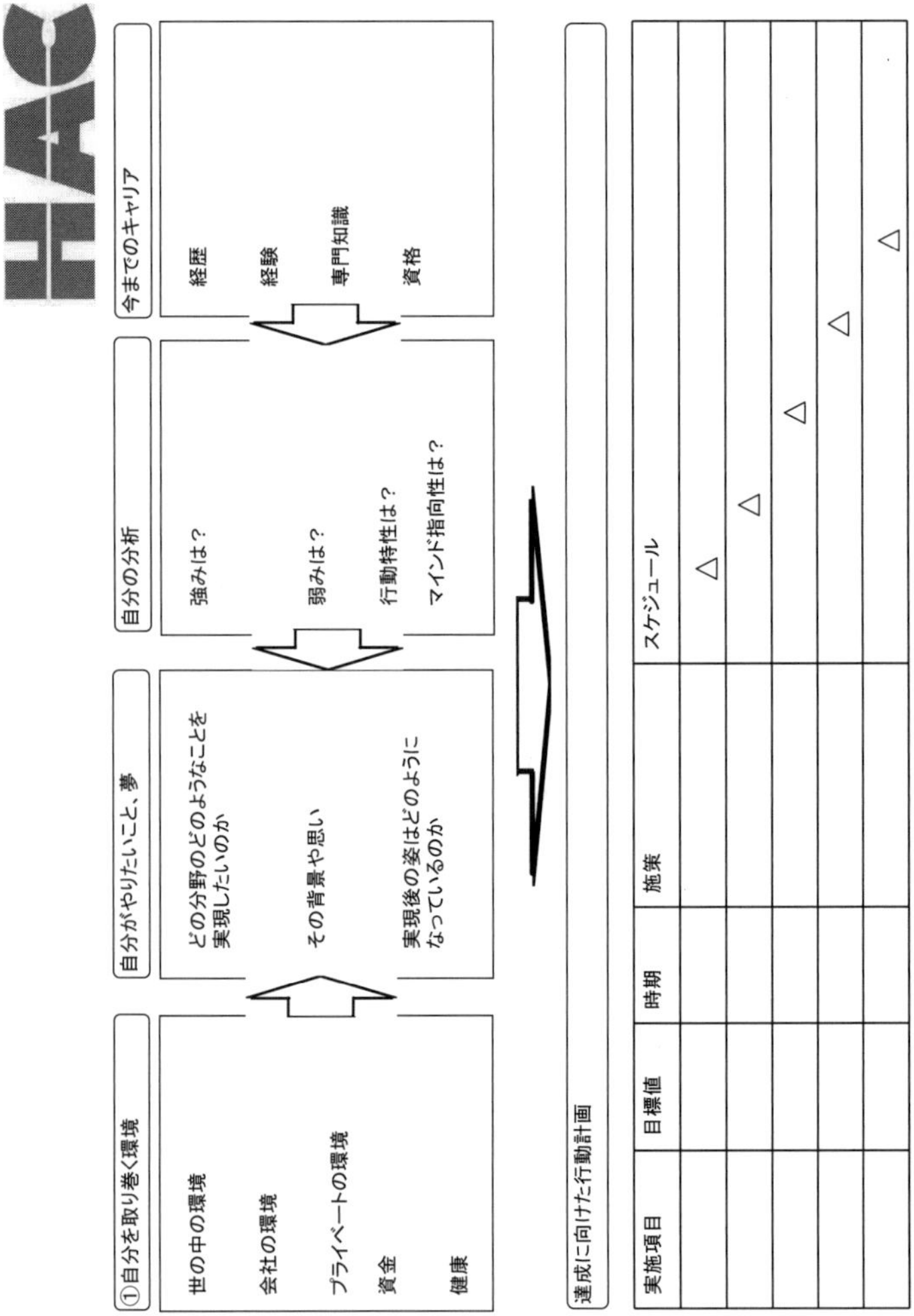
①自分を取り巻く環境
世の中の環境
会社の環境
プライベートの環境
資金
健康
自分がやりたいこと、夢
どの分野のどのようなことを実現したいのか
その背景や思い
実現後の姿はどのようになっているのか
自分の分析
強みは？
弱みは？
行動特性は？
マインド指向性は？
今までのキャリア
経歴
経験
専門知識
資格
達成に向けた行動計画
実施項目
目標値
時期
施策
スケジュール

2　笑顔のチカラについて

笑顔のチカラとは

メジャー制覇したゴルフ選手の渋野日向子選手の笑顔がすごいと大きく報道されました。何がそんなにすごいのでしょうか。笑顔のチカラとは何なのだろうという疑問に明解に答えてくれた好例と思います。

ある雑誌の記事だったと思いますが、強靭な精神力を持って勝利を掴んだ星稜高校野球部が掲げるスローガンは〝必勝〟ならぬ〝必笑〟だそうです。ピンチのときにも笑顔を見せる姿が印象的でした。選手たちは、「笑うことでポジティブなイメージが湧くので、心身を落ち着けて前向きに戦える」と解説されていました。

あるテレビ番組の企画で、笑顔の効能を示す実験が実施されました。笑顔のときと真剣な顔のとき、それぞれで１００ｍ走のタイムとピッチングの球速を記録したのです。結果として、１００ｍ走では笑顔のときに13人中７人のタイムが平均０・１８秒縮まり、ピッチングでもやはり笑顔のときに13人中９人の球速が平均12キロも速くなったそうです。

さらに、選手たちからも、「笑顔のほうが力まずに動けるから走りやすい」「フォームがダイナミックになるのを感じた」などの声が上がったと聞きました。普段から笑顔を心がけるのはもちろん、プレッシャーを感じる局面ほど意識的に笑顔をつくることで、知らず知らずのうちにパフォーマンスは向上するということです。

ストレスで揺るがない強固なメンタルを養うためにも、まずは笑顔を意識することが大事であると認識されてきました。

渋野さんの笑顔は、観客を味方にする力と、相手にプレッシャーを与える力もあったと言われています。

人は、笑顔の人に好印象を持ちますし、関係性の強化の契機にもなることは間違いないと思います。

また、全国の中小企業から大手企業まで800社・10万人に「魅力ある笑顔」を伝授し続けている笑顔研究の第一人者である、笑顔アメニティ研究所代表門川義彦氏は、「笑顔なき企業は滅びる」とまで言い切っています。逆に、笑顔溢れる職場には、元気に溢れ、モチベーションもお客様満足度も高くなり、その結果「儲かる」と笑顔のチカラを訴えています。

アメリカの心理学者アルバート・メラビアンが1971年に提唱したメラビアンの法則では、人物の第一印象は初めて会ったときの3~5秒で決まり、その情報のほとんどを「視覚情報」から得ていて、初対面の人物を認識する割合は「見た目/表情/しぐさ/視線等」の視覚情報が55%、「声の質/話す速さ/声の大きさ/口調等」の聴覚情報が38%、「言葉そのものの意味/話の内容等」の言語情報が7%と言われています。つまり、相手の印象の93%を言葉以外の要素で判断するという概念です。何と顔の表情が55％と大きな割合を占めており、「7―38―55ルール」と呼ばれています。

いくら言葉で「いらっしゃいませ」「ありがとうございました」と言っても、表情が伴わないと伝わらないのです。「言葉は丁寧だが心が全然こもってないな！」となってしまうのです。

コミュニケーションのポイントは、言葉だけでないことを押えておいてください。「言語情報＝Verbal」「聴覚情報＝Vocal」「視覚情報＝Visual」の頭文字を取って３Ｖの法則といわれています。

笑顔と笑いは違います。笑いは、テレビを見たり、漫画を読んだりと、１人でも笑うことができます。しかし、笑顔は、相手がいないとできません。笑顔とは、他の人とのコミュニケーションで相手を認めるという行為なのです。ですから、感情や思いがより強く、深く、早く伝わるのです。そのために、アイコンタクトを基本に、しっかりと相手の目を見て笑顔を送りましょう。そうでないとただの笑いになってしまいます。

笑顔のつくり方

では、笑顔のつくり方を学んでみましょう（門川義彦先生考案のわりばしストレッチを参考にしています）。

①　まずは、自分の顔を鏡に映して見てください。

普段の（普通の）顔を映してください。

口角は上がっていますか。下がって見えますか？

② わりばしを用意しておいてください。
前歯上下2本ずつで、わりばしを横にして軽く噛みます。
口角がわりばしのラインより上がっていますか？
下がっている人は、笑顔になりにくいので、しっかり練習してください。

③ 口角を上げますしょう。
わりばしをくわえたまま、人差し指で口角を一杯上げてください。
そのまま30秒ほどキープしてください。
左右のバランスと口角がわりばしより上がっているかどうか見てください。

④ その状態でわりばしをそーっと抜きます。
このときの笑顔があなたの笑顔の基本です。
上の歯が見えていますか、見えていないと駄目です。
10本程度見えているのがいい形です。

⑤ もう1度わりばしを戻してください。
かんだままで「イ　イ　イ」と声を出して3秒ほど大きな声で言ってください。
3回繰り返してください。
鏡で見ながら、口角が上がっていますか？

理想の形になっているか見ながらやってください。

⑥　わりばしを抜いて、手を添えて口角を上げてください。
そのときには、「イチ　ニイ　スリー　シー」と声を出して、語尾の「イ」のときに口元をしっかり上げるようにしてください。30秒続けてください。

⑦　最後は、手を添えずに同じように「イチ　ニイ　スリー　シー」と声を出しながら30秒行ってください。

笑顔のトレーニングで、明日から早速効果が出て来ます。

自然な笑顔が溢れる職場は働きやすくコミュニケーションも良好で、生産性も高いと言われています。あなたの最高の笑顔で過ごしましょう。

3　SDGsについて

SDGsとは

SDGsという言葉を聞いたり見たりしたことがあると思います。

・S=Sustainable（エス）
・D=Development（ディー）
・G=Goals（ジーズ）

の頭文字を取ってSDGs（エス　ディー　ジーズ）と読みます。

２０１５年９月の国連サミットで採択された「持続可能な開発のための２０３０アジェンダ」にて記載された２０１６年から２０３０年までの国際目標です。持続可能な世界を実現するための17のゴールと１６９のターゲットから構成され、地球上の誰１人として取り残さない（leave no one behind）ことを誓っています（17のゴールは図表26でご確認ください）。

国際社会が共通で課題解決すべきとし、貧困・飢餓の解消、ジェンダー平等など、各項目に紐づけて２３２のインジケーターが設定され、より具体策が盛り込まれています。

例えば、ゴールの1、貧困をなくそうです。そのターゲットの1が、２０３０年までに、現在1日1・25ドル未満で生活する人々と定義されている極度の貧困をあらゆる場所で終わらせると設定されています。そして、インジケーターとして、国際的な貧困ラインを下回って生活している人口の割合（性別・年齢・雇用形態・地理的ロケーション）が紐づく構成になっています。

２０１９年5月に経済産業省が発信したSDGs経営ガイドによると、５つの特徴として、
① 普遍性、先進国も含めてすべての国が行動する。
② 包括性、人間の安全保障の理念を反映して、誰１人取り残さない。
③ 参画型、すべてのステークホルダーが役割りを。
④ 統合性、経済、社会、環境に統合的に取り組む。
⑤ 透明性、定期的にフォローアップ。

【図表26　ＳＤＧs-1】

S=Sustainable　エス
D=Development　ディー
G=Goals　ジーズ
国際社会が共通で課題解決すべきとし、貧困・飢餓の解消。
ジェンダー平等など17の目標と169の具体策が盛り込まれている。

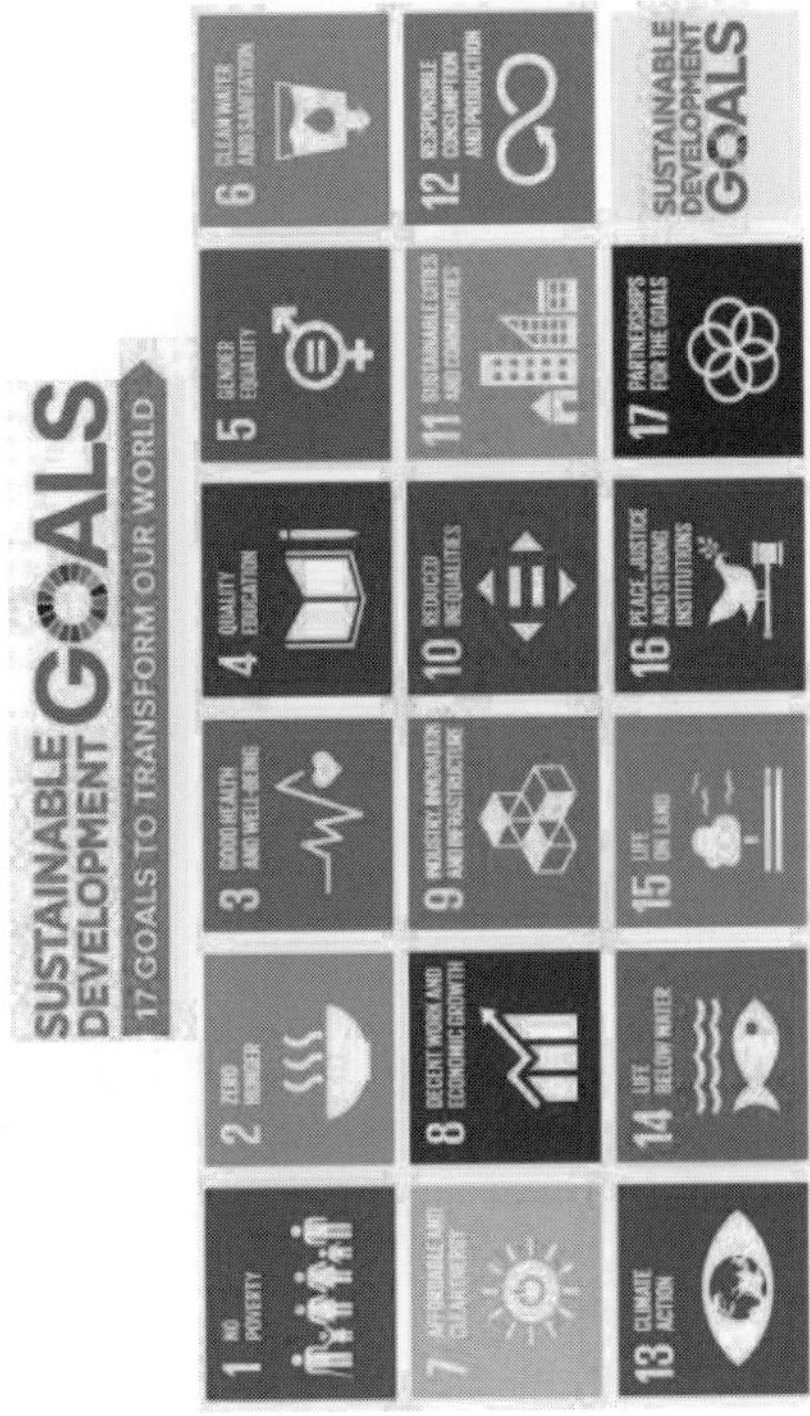

【図表 26　ＳＤＧs-2】

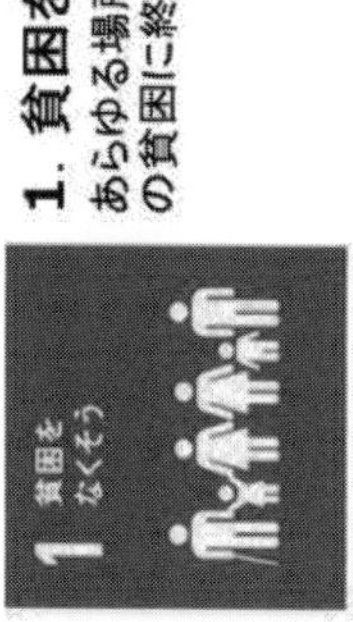

1. 貧困をなくそう
あらゆる場所で、あらゆる形態の貧困に終止符を打つ

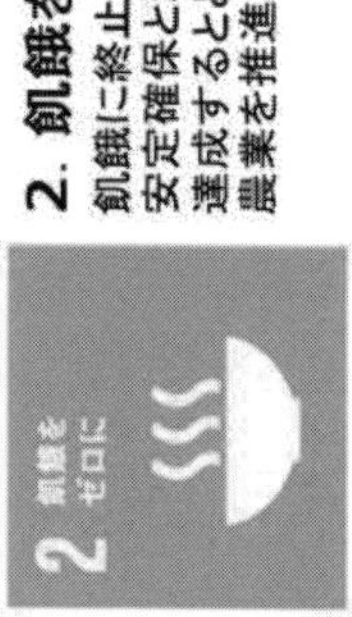

2. 飢餓をゼロに
飢餓に終止符を打ち、食料の安定確保と栄養状態の改善を達成するとともに、持続可能な農業を推進する

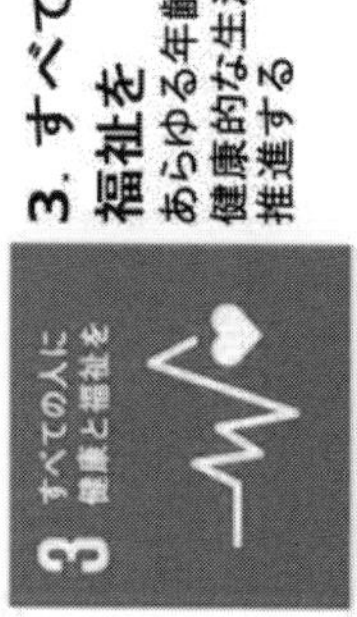

3. すべての人に健康と福祉を
あらゆる年齢のすべての人の健康的な生活を確保し、福祉を推進する

4. 質の高い教育をみんなに
すべての人に包摂的(※)かつ公平で質の高い教育を提供し、生涯学習の機会を促進する

5. ジェンダー平等を実現しよう
ジェンダーの平等を達成し、すべての女性と女児のエンパワーメントを図る

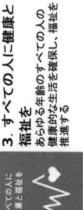

6. 安全な水とトイレを世界中に
すべての人に水と衛生へのアクセスと持続可能な管理を確保する

【図表 26　ＳＤＧs-3】

7. エネルギーをみんなに そしてクリーンに
すべての人々に手ごろで信頼でき、持続可能かつ近代的なエネルギーへのアクセスを確保する

8. 働きがいも経済成長も
すべての人のための持続的、包摂的かつ持続可能な経済成長、生産的な完全雇用およびディーセント・ワーク（働きがいのある人間らしい仕事）を推進する

9. 産業と技術革新の基盤をつくろう
強靭なインフラを整備し、包摂的で持続可能な産業化を推進するとともに、技術革新の拡大を図る

10. 人や国の不平等をなくそう
国内および国家間の格差を是正する

11. 住み続けられるまちづくりを
都市と人間の居住地を包摂的、安全、強靭かつ持続可能にする

12. つくる責任 つかう責任
持続可能な消費と生産のパターンを確保する

【図表 26　ＳＤＧs-4】

13．気候変動に具体的な対策を

気候変動とその影響に立ち向かうため、緊急対策を取る

14．海の豊かさを守ろう

海洋と海洋資源を持続可能な開発に向けて保全し、持続可能な形で利用する

15．陸の豊かさも守ろう

陸上生態系の保護、回復および持続可能な利用の推進、森林の持続可能な管理、砂漠化への対処、土地劣化の阻止および逆転、ならびに生物多様性損失の阻止を図る

16．平和と公正をすべての人に

持続可能な開発に向けて平和で包摂的な社会を推進し、すべての人に司法へのアクセスを提供するとともに、あらゆるレベルにおいて効果的で責任ある包摂的な制度を構築する

17．パートナーシップで目標を達成しよう

持続可能な開発に向けて実施手段を強化し、グローバル・パートナーシップを活性化する

を上げています。

そして、SDGsは、２０３０年までの世界の「あるべき姿」を示しています。「今できること」の延長線上に将来を予測するのではなく、この将来の「あるべき姿」から逆算して「今何をすべきか」を考える「バックキャスティング思考」が必要なのです。

SDGsが示す将来の世界のあり方とは何か、そこからバックキャストして描ける道筋はどのようになっていて、そのために必要となる投資やイノベーションは何なのでしょうか。

単に既存事業に、SDGsのラベルを貼ることによる「現状肯定」ではなく、SDGsという「未来志向」のツールを活用して、自社の戦略をより一層磨き上げることが求められているのではないでしょうか。

世界全体がSDGsの達成を目指す中、これを無視して事業活動を行うことは、企業の持続可能性を揺るがす「リスク」をもたらすことになります。

一方、企業がビジネスを通じてSDGsに取り組むことは、企業の存続基盤を強固なものにするとともに、いまだ開拓されていない巨大な市場を獲得するための大きな「機会」となり得ると語っています。

日本企業とSDGsの関係は、近江商人の「売り手よし」「買い手よし」「世間よし」の「三方よし」の精神にも見られるように、「会社は社会のためにある」と考える日本企業は多いのです。日本企業にとってSDGsとは、決して舶来の未知のものではなく、企業理念や社訓を礎に、長らく自ずと意識し実践してきた取組みが、別の形で具体化されたものと言えると思います。

また、投資判断において投資家が着目するのは、過去ではなく、将来の企業価値です。社会の価値観が変化する中で、投資先の競争力が失われるリスクが存在するのか、あるいは長期的・持続的な成長が期待できるのか、SDGsやESGの理念は長期的な企業価値を判断するための手がかりでもあります。SDGsは、「これからも必要とされる会社か」を問いかけているのです。

イノベーションで社会課題を解決することは、企業にとっても大きなオポチュニティであり、ビジネスチャンスになります。イノベーションにより、課題解決に貢献します。そうすることで、地球もその企業自身もサステナブルになっていきます。社会課題を解決するイノベーションを「協創」することが求められているという言葉がSDGsの本質を表していると思います。

SDGsを学ぶ方法

一方、SDGsを学ぶ方法として、1つひとつ目標とターゲットを理解し、具体的にはインジケーターを見ていくというやり方もあろうかと思いますが、相当大変な負担がかかることでしょう。

イマココラボが提供しているゲームで学ぶSDGsは、なぜ今SDGsなのか、SDGsがもたらすことや社会や私たちに及ぼす影響はどのようなものがあるのだろうかと、様々な気づきをゲーム体験を通じて体感することができます。

世界は繋がっています。国境はありますが、空や海は繋がっています。私たち1人ひとりの行動が今の世界をつくっているのです。これからの世界をどのような世界にするのか、１人ひとりの行動が問われていると思います。

・外務省 HP(https://www.mofa.go.jp/mofaj/gaiko/oda/sdgs/)
・経産省 HP(https://www.meti.go.jp/)
・独立行政法人国際協力機構（https://www.jica.go.jp/aboutoda/sdgs/）
・国連大学（https://jp.unu.edu/explore/）
・イマココラボ（https://imacocollabo.or.jp/）

佐渡島でモノづくりをしながら自然と調和する活動をしているセイデンテクノ株式会社の概要は、次のとおりです。

セイデンテクノ株式会社

セイデンテクノ株式会社は、もうすぐ創業50周年を迎える、抵抗器のメーカーです。

エレクトロニクスの技術の先端を行くJAXA（宇宙航空研究開発機構）のロケット搭載や人工衛星（はやぶさ）にも使用され、JAXA認定30年の歴史を有し、その技術力は高く評価されて来ています。車載、パワーエレクトロニクス、建機、鉄道、防衛等の分野でも幅広くご使用いただき、高い評価を得ています。

また、機械加工、溶接加工の事業としては、主に各自動車メーカーに使用される高周波焼入れ装置の加熱コイルに使用され、数々の製品を生み出し、確固たる地位を築いております。

今後のわが社の戦略としては、既存事業の効率化だけでなく、産学連携による製品開発や太陽光発電や風力発電などの環境エネルギー分野などへ積極的に進出していくとともに、私たちの生活を豊かにしてくれるアロマテラピーとして自社製品の製造・販売に力を注ぐことにあります。

それには、経営戦略のシナジーを極大化し、アスピレーションとイノベーション、そしてスピードをより求めて、受注から出荷まで一貫した品質保証体制を整えて、今後もこの厳しい時代のニーズに対応し、22世紀へ向けて飛躍していきます。

今後、持続可能な世界の実現に向けて、①地域社会への貢献、②コンプライアンス（法令遵守および企業倫理）対策、③労働安全衛生環境の維持・改善、④顧客とのよりよい関係構築、⑤経営戦略への反映という5つの方針を掲げ活動していいます。

今後もお客様のご要望に応えるべく、商品の企画開発から設計・製造、そして品質保証を含めて、効率的で人と自然に優しいモノつくりを推進して行くと宣言しています。

SDGsを経営の基本におき、理念の「地域社会との共生」の実現に向けて、様々な活動を行っています。目標7エネルギーを皆に、そしてクリーンに連関して、クリーンエネルギー依存度を高めて来ています、また、ユニークな事業として、小麦アレルギーの方にも安心して利用できる佐渡産の米粉「朱鷺めきっ粉」をはじめ、地産地消の「こめっこ食堂」など、佐渡の自然と環境を守りつつ企業活動を続けています。

【本社】〒952-0302 新潟県佐渡市竹田 365-2
TEL：0259-55-2034　FAX0259-55-2563。
【東京営業所】〒222-0033 神奈川県横浜市港北区新横浜 2-12-12 新横浜 IK ビル 5F
TEL：045-478-1781　FAX045-476-1401
代表取締役：柴原　健司。
HPURL：http://www.seidentechno.co.jp/

4　興味を持とう

興味とは

何に対しても興味を持つ人とあまり興味を持たない人との差は何なのでしょうか。

私のように、人そのものが事業であり、人がいないと成り立たないことにかかわっていると、自然と、「あの人はどのような判断をするのだろうか」「その判断のバックボーンは何なのだろうか」「どうしてあのような行動をとるのだろうか」と興味を持ちます。

もっとも、このような事業にかかわったから興味を持つようになったわけでもなく、持って生まれついての性格や育ってきた環境、今までの経験等が影響しているのかもしれません。

いずれにしても、営業にかかわる人は、何にでも興味を持つことが大事だと思います。

それは、企画創造力や戦略策定力に直結するからです。もちろん、問題解決力にも大きく影響します。業務上求められる能力だからという以上に、好奇心旺盛で何にでも興味を持つと、毎日が楽しくなり、人生も愉快に過ごすこともできます。

では、興味とは何なのでしょうか。広辞苑では、「物事にひきつけられること」「おもしろいと感ずること」「心理学では、ある対象やできごとに特に関心を向ける傾向」と解説されています。

興味がない、沸かない状態は、やりたいことや目指したいことがないという状態に繋がります。営業でいえば、目指す姿や目的や目標がないと同じ状態です。それでは日々の活動も無目的になりますから、毎日が楽しくなるはずがありません。この感情を高め、その目的目標を達成しようとスタンスをしっかり持てば自ずと興味沸いてきます。

５Ｃの作成時にもインターネットを使いサーベイをしましたが、興味があれば、何でもいつでも情報の収集はすぐできます。お客様のお困り事は何なのだろう、どの部署で、誰が、どんな業務で、どのぐらい困っているのだろう、何に一番困っているのだろうという興味の視点でお客様を見る「クセ」をつけるようにしましょう。

ディズニーランドの視点の持ち方

視点を変ようと言われますが、どのようにしていますか。視点とは、物の見方、考え方であなた自身が表出するものですから、自分自身を磨いていないといけません。

遠近視点法といわれている次のディズニーランドの視点の持ち方を参考にしてください。

① 大人になっても子供の気持ちを大切にする
② 過去と現在と未来をつなぐ
③ 現実と仮想の世界を実現する
④ 夢もビジネスも両立

そして、興味を持ってサーベイしていくと、様々な事柄がわかってきますが、そのときに忘れてならないのが、複眼の目です。ミクロ（鳥の目）とマクロ（虫の目）の複眼的思考です。

夢を見る力、夢を形にする力を磨く

全体を俯瞰する大局観と、その上で今どうするのかの局所的判断が重要となります。

想像力イコール夢を見る力と、創造力イコール夢を形にする力の2つを磨きましょう。

会社のビジョンを描き、営業部隊の目指すべき姿を決めて、戦略を立て、目標を明確にし、わかりやすいコンセプトを考え、お客様へ届ける提供価値を考え、市場の把握をし、競合を凌駕し、購入いただき、お客様の喜ぶ顔を思い描き、メンバーがイキイキと働く姿を思い浮かべてみてください。そして、自分自身の人生の夢を描き、同様に、それを達成する戦略を立て、その戦略達成に向けたストーリーを考え、家族や友人の顔を思い浮かべ、そこにいる自分自身の姿を想像するという流れをつくり出すのです。

こうすれば、夢が創造できると思いませんか。その第1歩が「興味ありますか」なのです。

そのためには、情報や知識を組み合わせて知恵に変えていく力も必要になります。

瞬時に多くの情報が集められますが、その断片的かつまとまりのない特定の領域の情報を体系化し、知識化することで、知恵に変わっていきます。様々な個々の情報を、ある意図のもとで統一し、整理し、順位や関連をつけたりして知識としてまとめ上げ、活用することで、知恵へと変わっていくように思考の流れが変われば、興味が興味を呼ぶ循環になると思います。

そもそも受け身の人には、このようになるのは難しいと思います。指示されるまで動かない、指示されても全力で事に当たらないような受動型に慣れてきた人は、まず受け身から脱却するために目的を持つことです。そして、待つから自らやると変わっていかねばなりません。

そして、新しい知識やスキルを学んだらまずやってみる。行動しないと何も変わらないのですから、考えたら実行することです。行動すると何かが変わり変化します。それが上手くいったのか、いかなかったのか、じゃどうするのとレビューを繰り返して、次に進むのです。そうすれば必ず開けます。

やはり、WHATを考える、何をやりたいのかWHAT構築能力が求められているのです。

5 質問だけで問題を解決する方法

アクションラーニング

質問の大切さは痛感していると思いますが、質問が問題解決にも効果があるということを知っていますか。

例えば、現場の様々な問題や困っていることを、質問を通して検討し、質問を繰り返すことで問題の本質に迫り、その解決策を立案し、実施し、行動（アクション）に繋げるというプロセスの中で、振り返り（リフレクション）を通じて、組織、チーム、そして参加する1人ひとりの問題解決力を醸成していく手法です。行動に繋げますので、アクションラーニングと呼ばれています。

アクションラーニングの進め方

質問中心で進めます。知っていることや、ああしろ、こうしろと言う指示や意見は言ってはいけません。語り出したら進行役が（コーチ）止めてください。とにかく知っていることを話したい、教えたいと言う衝動を抑えて、質問してください。

私の経験ではとか、過去の事例ではとか、答えを与えたり、誘導したりしてもいけません。質問だけで相手に気づいてもらうのです。質問だけで問題を明確にして解決していくのですから、質問の質が求められますが、まずは素直に聞きたいことやわからないこと、知りたいことやなぜそんなことをするのかという疑問などを素直に沢山質問すればよいのです。効果的な解決策は、質問によって生み出されるというスタンスです。

そして、具体的に行動計画を立てます。行動しないと単なるアイデアや企画案に終わってしまいますし、その行動計画を検証するまでは、意義ある学習とならないということです。

行動は学習を促し、行動はリフレクションの重要な要素ですから、解決策に沿って行動を起こすように質問を繰り返すのです。そして、その行動計画に合意が取れたら、チームとしてサポートできることやまたはチームから支援して欲しいことを確認をして終了です。

大体1回のセッションで50分程度ですので、いつでもどこでも5人から6人程度集まれば、すぐにできるのです。

進行役のコーチは、メンバーのエネルギーと注意力を学習する方向へ向けるように留意してください。コーチは、問題に巻き込まれてはいけません。チーム学習が促進される機会を創り出すことに注力してください。チームが最大限に学習するために、「介入」する権限を持っています。チーム学習を促すとき、セッションが上手く機能してないとき、瞬時に介入するようにしてください。

コーチが介入したときは、メンバーは問題解決への取組みを一時中断し、コーチの質問に答えなければならいけません。コーチは、「場」をつくることに集中して進行するのです。

アクションラーニングは、一粒で3度おいしいと言われています。

現実の問題解決ができます。そして、個人の能力開発やリーダーシップの育成が可能です。さらに組織やチームができてくるのです（https://www.jial.or.jp/ 日本アクションラーニング協会参照）。

質問会議として実施

このツールのすごさは、従来の知ってるよ、わかっているよ、教えてあげるよという従来の秩序の関係から、混沌（カオス）の関係の中からの創造性と可能性が最大限出てきて、学習が起こるということです。

「効果的なチーム運営のためにはチームを安定と変化との境界線上に置くことが重要である」、つまり秩序と混沌の境界、カオスの縁に置くとアイディアも創造性も出てきて行動に繋がるということなのです。

ジム・コリンズ（ビジョナリー・カンパニーの著者でアメリカのコンサルタント）は、「素晴らしい組織というのは、素晴らしい質問をする人があって成立する」と言っています。

質問は、考えさせて答えを出させる力があります。質問するほうもされるほうも質問をするということは、思考力が刺激され、知らないことさらに深く知ろうと思うことに関して情報を集めたり、調べたりする契機となります。

もちろん、質問するには、相手の話をよく聞いていないといけませんから、聞き上手になります。すると相手も心を開いて本音のことを語るようになります。するとさらによりよい質問ができて、的を射てくると、答えも本質を突いた答えが戻ってきます。つまり、段々本気になってくるのです。その気になりますからその気持ちの方向に行動し始めるのです。ですから、質問のチカラはすごいのです。

硬直化した組織などでは、質問会議として実施してみてください。すごい効果が体験できると思います。

6　褒めるスキル

ピグマリオン効果

部下を伸ばし、やる気にさせる秘訣はないか、どのようにしたらメンバーが自ら動き出してくれるのか、そのヒントの1つが、ピグマリオン効果ではないかと思います。

アメリカの教育心理学者ローゼンタールの実験では、教師が期待をかけた生徒とそうでない生徒では、成績の伸びに明らかな違いが見られたという。このことから、他者への期待値がその後の成長を決定づける大きな要因の1つになると考えられているという報告があります。教師の生徒に対する期待や学習意欲に大きく影響されるとして教育期待効果と呼ばれています。

名前の由来は、昔、ギリシャのキプロス島に、ピグマリオンという名前の彫刻の上手な王様がいて、ある日、自分自身が象牙に刻んだ理想的な女性の彫刻像に恋をしてしまった。この彫刻像を、生きた女性に変え、妻にしたいと熱烈に祈っているうちに、愛と美の女神アフロディーテがこの願いを聞き入れて、その彫刻に生命を与え人間にしたという逸話から来ています。

つまり、マネジャーや周囲の人が期待を込めて褒めてあげることが極めて有効なのですが、皆さんはできていますか（または、されていますか）。

多くの会社の研修にかかわってきましたが、褒めることの上手なマネジャーや経営の方にあまりお会いしてないような気がします。特に上位管理職の方々は、あまり褒めない、褒めるのが苦手、下手な方が多い印象があります。

また、中間管理職の方々は、経営から目標が下りてきて、それを部下に割り振って、何とか達成することに追われ、翌期にはさらに目標値が上乗せされてまた目標が来るという繰返しなので、部下を褒めるのではなく、叱咤激励して、報奨金やインセンティブ、評価や昇給昇格というアメとムチを使い分けて目標を達成することに全力注力しているのではないでしょうか。何とかなだめてみたり、叱るのをこらえてやさしく指示命令したりと、情緒的マネジメントに終始し、双方にとって不幸な関係に陥っていませんか。

このような状況のときこそ、期待を込めて褒めて上げてください。大きな効果があります。部下やメンバーがやる気になって、仕事や業務に取り組むようになるのです。

褒め方と禁じ手のポイント

では、具体的な褒め方と禁じ手のポイントを伝授します。

一番多く使われている励ましの言葉は何でしょう？「頑張れ！」ではないでしょうか。もうひと踏ん張りだ、頑張れ！もうちょっとだけ頑張れ！と何気に使っていませんか。しかも、「この言葉で部下がやる気になった」「私はいつも気にかけてあげている」などと勘違いしていませんか。

頑張れでなく、「頑張っているね」と声をかけてみてください。相手の反応がガラッと変わります。新型コロナウイルスで騒然となっていて、食料品スーパーに人が殺到しています。レジで支払うときに、「コロナの影響でお客さんも多くて大変ですね、よく頑張っていますね」と声をかけたら、笑顔で、「はいありがとうございます」と返事がきました。声をかけた私も気持ちが明るくなりました。

日常のこんな出来事でも元気が出てくるのです。「頑張れ」と言われても、「自分なりには頑張っているつもりなんだけどな」とか、「じゃあどうやって頑張ればいいの？　もうこれ以上頑張れないよ」「誰もわかってくれないんだ」と、やる気もなくなっていくのが普通の心理ではないでしょうか。

大事なのは、相手を認めてあげることなのです。そうすると、相手から「もっとうまくやるにはどうしたらいいと思いますか」「頑張っているのですが、ここの点が上手くいかないのです。何かいい方法を知っていますか？」等々質問や悩みが出てきます。

それを聴いてあげて、サポートしてあげるのです。そうすると、相手が考えます。考えると、自ら動き出すきっかけづくりになります。さらに、言葉で褒めるだけでなく、具体的にその事柄を書いて渡してあげると効果がさらに上がります。

メモ用紙でもいいのです。褒める内容を簡潔かつ具体的に書いて渡してあげてください。「ありがとう助かったよ」と思ったときに、その相手に「サンクスカード」というカードに書いてあげるという活動を取り入れている会社もあります。一番もらった人を表彰し、褒めてあげる制度をつくると、お互いの仕事の理解や助合いに繋がって、職場の雰囲気も変わり、働きやすい職場がつくれます。

そのカードには、感謝の気持ちや言葉が書かれているはずです。ありがとうは最高の感謝の言葉です。何に対しても、いつでも感謝の気持ちを持って接すると、感謝が返ってきます。「してあげたのに」「やってあげたのに」と、「のに」がつくと愚痴になるとあいだみつおさんも書いています。

会社に出勤したときに、昨日の報告があれば、「ありがとう、頑張ったね」、クレームやよくない報告が来たら、「早く言ってくれてありがとう。君ならどのように対応する」と聞いてあげたりして、すべてポジティブな感謝に変えていくことが相手の変化を起こします。そして笑顔です。

やる気になる循環サイクル

相手のやる気を引き出し、継続して成長することができて、さらにやる気になるような次の循環サイクルを参考にしてください。

①　夢や希望、やりたいこと、目指したいこと、目標を明確にして決める。
②　現状とその目指すこととのギャップ（差）を把握する。
③　そのギャップ（問題）を整理して、重要な項目を選択する（課題化する）。
④　その課題解決に取り組む。
⑤　小さな成功体験を早目に体験できるようにし、「よし、できる」と勇気を沸き起こす。
⑥　何とかして達成しようと創意工夫するようになる。
⑦　応援者が出てくるようないい状態をつくる。
⑧　目標達成。
⑨　次の目標に向かう。

このような循環に入るきっかけが、マネジャーや周囲の方からの褒めるという行為です。大いに褒めましょう。自分が変わり、部下が変われば、「空気」も変わり、会社も変わります。

このように「空気」が変わってきますと、先に触れた成功循環モデルに入るチャンスです。関係性の質が高まると、思考の質が高まり、行動の質も高まります。すると成果の質も変わります。こうなれば「やる気」の循環サイクルがしっかり回り始めるのです。

あとがき

２０２０東京オリンピックの延期や、新型コロナウイルスの拡がりがどのぐらいのリスクをもたらし、その結果、世の中にどのような変化を促すのでしょうか？

例えば、教育研修業界にもたらす変化を想定してみました。

まず、集合して研修をするという形態は極めて少なくなるでしょう。インターネットやテレビ電話やＳＮＳでのコミュニケーションは当たり前の世界ですし、テレワークにも活用できるビジアルコミュニケーションツールを使い、場所の制約なしで実施されるでしょう。集合から分散実施へと５Ｇがその流れを加速的に推し進めるでしょう。

次に、働き方が本当に変わる契機になると思います。今まで少し躊躇気味だった在宅勤務やテレワーク、以前からありましたが、サテライトオフィスの活用、そしてシェアオフィス・レンタルオフィス・コアワーキングスペースという共有オフィスでの勤務が格段と多くなると思います。

そうすると、あまり活用されていなかったWEBラーニングの内容の拡充が急務となってくると考えられます。

そうなると、評価の仕組みや評価項目からその基準を含めて改定の必要性が出て来ます。

今年の新入社員の入社式も、ネット中継で繋がる「仮想入社式」が多く、入社式そのものが変って来たのです。従来の発想では、入社式は「その会社の仲間に入る」儀式的な意味合いが強かったのですが、今はその通過儀礼も形を変えざるを得ないという変化が起きているのです。

このような変化の中で、生き残る会社とはどのような会社なのでしょうか?

ある統計では、毎年設立される会社の数は約13万社前後で、その内1年後の生存率は約半分だということでした。つまり、世の中に必要されていない会社は即刻生き残れないということではないでしょうか。ちなみに、3年後には何と30%しか残らないらしいです。

では、生き残る営業とはどのような営業なのでしょうか?

そのキーワードの1つが、モノを「売ってなんぼ」ではなく、「解決してなんぼ」ではないでしょうか。企業価値を評価する指標も、「サスティナビリティ」が重要なポイントになり、経済価値だけでなく社会価値や環境価値も組み込んだ価値に変化する流れへと変わって来ています。企業は、「これからも必要されている会社ですか?」と問われ、営業にかかわる私たちも、「これからも必要とされますか?」と問われているのです。

変化にチャンスありです。時代の流れを見つつ、柔軟に対応しつつも、立てた志を忘れずに進みましょう。

少しでもヒントになったとしたら幸いです。

感謝!　感激!　感動!　の世界を目指して!

廣橋　潔則

著者略歴

廣橋　潔則（ひろはし　きよのり）

ヒューマン・アセット・コンサルティング株式会社 代表取締役。

1978年10月、富士ゼロックス株式会社入社。地方のエリアセールスからスタートし、営業マネジャーを10年経験した後、本部スタッフとして教育領域にかかわる。営業力強化推進部にて幹部候補生育成プログラム、人材開発センターにて営業変革プログラムを担当。2000年から販売教育部長として全国の営業部門の人材開発を主管。新人教育からマネジメント教育や営業力強化プログラムの企画・開発・展開と幅広く担当。

その後、東京支社ドキュメントソリューション第二営業部長、大阪ゼロックス営業本部長を経て、富士ゼロックス総合教育研究所で事業力強化部長、チェンジマネジメントコンサルティング部長、エグゼクティブコンサルタントとして、中小企業の経営層育成の「塾」を企画・開発・展開・実施。2008年7月、早期退職。

同年10月、ヒューマン・アセット・コンサルティング株式会社を設立し、活動中。ライフシフトも第4フェイズと位置づけ、SDGs領域にも活動範囲を広げている。

・問合せ先：〒107-0062　東京都港区南青山2-2-15　ウィン青山1308
・メールアドレス :hirohashi@hachuman.co.jp

B toB攻略の営業力強化書
すぐに使えるフォーム解説付　究極の市場攻略バイブル！

2020年5月14日　初版発行

著　者　廣橋　潔則　© Kiyonori Hirohashi
発行人　森　　忠順
発行所　株式会社 セルバ出版
〒113-0034
東京都文京区湯島1丁目12番6号 高関ビル5B
☎ 03（5812）1178　　FAX 03（5812）1188
http://www.seluba.co.jp/
発　売　株式会社 創英社／三省堂書店
〒101-0051
東京都千代田区神田神保町1丁目1番地
☎ 03（3291）2295　　FAX 03（3292）7687

印刷・製本　モリモト印刷株式会社

Printed in JAPAN
ISBN978-4-86367-579-7